生きる力を育む「朝の読書」

静寂と集中

東京新聞記者
岩岡千景 著

協力 朝の読書推進協議会

高文研

もくじ

3 朝の読書　四つの原則

4 中学校で――横手市立横手南中学校の場合

【資料編】

装丁＝商業デザインセンター・増田絵里

はじめに

全国各地の小学校や中学校、高校で行われている、「朝の読書」という取り組みがあります。朝、ホームルームや授業が始まる前の一〇分や一五分の間に、児童や生徒と先生が教室で、自分の好きな本をそれぞれに読むのです。

この取り組みを後押ししてきた「朝の読書推進協議会」は、①みんなでやる　②毎日やる　③好きな本でよい　④ただ読むだけ、という〈朝の読書・四原則〉を提唱していて、多くの学校ではそのやり方を基本にしています。

私が子どものころには、学校にそうした時間はありませんでした。けれども、私の娘たちの小学校には「朝の読書」があり、私は「とてもいい取り組みだな」と思っていました。なぜなら、ともすれば慌ただしく過ぎてしまう子育ての日々の中で、この「朝の読書」をきっかけに、子どもと一緒に書店や図書館で本を選んだり、読んだりして、子どもを本に触れさせる機会を持つことができたからです。

二〇一八年春、長女が社会人になり、子育て期を振り返ったとき、「朝の読書」が子どもの読書習慣を育てる一助になったと、あらためて感じました。実をいうと、わが家は離婚して母子家庭だったのですが、大人の都合で傷つけてしまった子どもの心を、「朝の読書」の時間とそこで読んだ本が癒《い》やしてくれた面も、あったと思います。

折しも二〇一八年、「朝の読書」は一九八八年四月の開始から、三〇周年を迎えました。東京新聞／中日新聞の文化部記者としてそのことを知った私は、「どうして始まったのか」「四原則にはどのようなわけがあるのか」など、朝の読書について一から知り、紹介したいと思いました。

そして、七月から八月にかけて東京新聞／中日新聞の夕刊文化面で、「静寂と集中―朝の読書30年」と題して連載しました。

その内容を中心に編集・加筆したのが、この本です。書籍化するに当たり、学校現場でよく聞かれた、「教室に落ち着きが出てきた」「読解力がついた」「学力向上につながった」といった効果についても、脳科学者の川島隆太さんにインタビューをし、根拠を明らかにしました。

現在、「朝の読書」は全国の小学校や中学校、高校全体の七六％に当たる約二万七千校が導入、約九五〇万人の児童・生徒が取り組んでいます。当初は「読書は強制するものではない」と教師の間で反対意見が出たり、忙しい学校生活の中で時間を工面するのが難しかったりと、壁にぶつかった学校も少なくありません。継続も必ずしも容易ではなく「その時間をテストなどの学習に使うべきだ」といった議論が続いている学校もあります。

けれども今、子どもに読書習慣を付けることはますます重要になっているように思います。人生には困難がつきもので、とりわけ昨今は「いじめ」や「貧困」などが深刻化し、子どもたちを取り巻く環境は厳しさを増しています。読書は古今東西の書き手との時空を超えた対話でもあります。困難に直面して苦しく、くじけそうになったとき、本を読んで先人の知恵に触れ、立ち止まって考えることで、乗り越えるヒントを得られることがあるからです。

また現代はスマホなどで、簡単に情報を入手できる時代でもあります。情報が溢れているからこそ、どんな情報を選び、行動するかの選択は難しくなっているともいえます。そんな中、本を読み、自分自身や先人と心の奥底で静かに対話することで、気づき、見えてくるものもあるでしょう。

取材した教育現場では、大人たちが、子どもに本を読んでほしい理由を、「自ら考え、生き抜いていく力を身に着けてほしいから」と、異口同音に語っていました。今まさに、そうした力が子どもたちに必要なのではないでしょうか。

本書でこれから紹介するそれぞれの学校の「朝の読書」の実践と、そこに携わる人たちの思いや言葉が、学校の先生を始め、子どもと本にかかわる多くの方々に、「朝の読書」はもちろん、子どもと読書について考えるヒントになれば幸いです。

1

高校で——愛知県立豊明高校の場合

静寂と集中
朝の読書30年

「朝の読書」は実際に、どのように行われているでしょうか？　まずは愛知県の高校から、その様子をリポートします。訪ねたのは、二〇一八年五月です（以下肩書、年齢は取材当時のもの）。

◇授業が始まる前に

八二〇人近い生徒が通う、愛知県尾張地方の県立豊明《とよあけ》高校。朝、二年生の教室をのぞくと、登校してきた生徒たちが席に着いてかばんから本を取り出したり、周りの子とおしゃべりしたりしていた。

午前八時四〇分。チャイムが鳴ると、生徒たちがシーンと静まり返った。めいめいが机の上に本を置き、黙々と読んでいる。担任の教師も、教壇で着席して読書している。

話し声はもちろん、机や椅子を動かす音も聞こえない。開いた窓から入ってくる鳥のさえずりだけが、教室に響いていた。

一〇分後。再びチャイムが鳴ると、生徒は本から顔を上げ、「はあーっ」と深

1 高校で——愛知県立豊明高校の場合

呼吸して伸びをしたり、かばんに本をしまったりする。

近くにいた男子生徒に読んでいた本の題名を尋ねると、紙カバーを外して表紙を見せた。その本は、『死を見る僕と、明日死ぬ君の事件録』（古宮九時《こみやきゅうじ》著　KADOKAWA）。人の死を予告する幻影を見る力のある「僕」の物語だ。「友達からの借り物です。『面白いから読んで』って言われて」と、はにかんだ様子で話した。

周りの生徒にも聞くと、人に嫌と言えない高校二年の男子が主人公で、読書サイトでも人気の『君の嘘と、やさしい死神《しにがみ》』（青谷《あおや》真未著　ポプラ社）、よく知られた『オズの魔法使い』の前日譚の『オズ　はじまりの戦い』（エ

鳥の声しか聞こえない静けさの中で、本を読む生徒たち。教師も着席して読む（愛知県立豊明高校で）

リザベス・ルドニック作　偕成社）などを読んでいた。

豊明高校では毎朝一年生と二年生が、始業前に一〇分間の「朝の読書」をしている。

「教師が『席に着きなさい』って声を張り上げなくても、その後に朝の連絡をスムーズに始められるんです」と、図書情報部主任の星野久美子教諭（52歳）は話す。

1 高校で――愛知県立豊明高校の場合

◆生徒たちに落ち着き

豊明高校で朝の読書が始まったのは、二〇〇一年度の初めから。八クラスあった一年生の担任教師のひとりが、「やってみたらどうか」と他の教師たちに持ち掛けたのがきっかけだった。

その教師の自宅には『朝の読書が奇跡を生んだ』（高文研）という本があり、それを読んで思い立ったという。

その本には、千葉県の私立女子高で一九八八年に二人の教師が朝の読書を始めた経緯や、生徒たちの感想などが書かれていた。

豊明高校には、地元愛知県豊明市のほか、名古屋市緑区や県内三河地方などからも生徒が通う。校風の異なる中学校で育ってきた子どもたちをどうまとめ、勉強する態勢へと持っていくか――。

折しも、教師たちは頭を悩ませていた。

朝の読書を始めるのに当たって、登校時間を早めなければならない生徒たちの負担を心配する声も出たが、「毎朝、みんなで自分が好きな本を、ただ読むだけ」という、本に書いてあったやり方に従い、生徒が登校してきた後の始業前に二〇分間、読書する時間を設けた。

「二学期の途中ぐらいから生徒たちに落ち着きが見られるようになってきまして」と、当時の教師は振り返る。

「起立、礼!」と授業を始めても、生徒がおしゃべりなどをしだすと授業にならなくなってしまう。ところが、朝の読書を始めた一年生は、授業の始めに教師の方を向いて聞く姿勢を整えるようになったという。教師か

19年目を迎えた豊明高校の朝の読書の風景

1 高校で——愛知県立豊明高校の場合

らは「授業しやすい」という声が出た。

二〇〇四年度からは時間を一〇分に短くすると同時に、全校で毎朝、実施することになった。読書の面白さに目覚める生徒も出てきて、学校の図書館を利用することも増えていった。

◆くつろぎ読めるように

豊明高校の図書館も訪ねた。足を踏み入れると、「ブラウジングルーム」と書かれた札の下がった空間が目に入る。カーペットが敷かれ、ソファが置いてあって、くつろぎながら読書を楽しめる場所になっている。「ブラウジング」とは、このインターネットに接続して情報を探し出すことを意味するが、図書館では、この言葉は本棚を漫然と眺め、気になる本があれば取り出して読む行為をいう。

入り口に近い棚では、二〇一八年四月に『かがみの孤城』（ポプラ社）で本屋大賞を受賞した、作家の辻村深月《みづき》さんの作品を特集していた。映画にもなった『ツナグ』（新潮社）や、『オーダーメイド殺人クラブ』（集英社）などの小説が置かれている。

「新着図書」の札が置かれた机の上には、話題作や人気作が並んでいる。例えば、人気バンド「SEKAI NO OWARI（セカイノオワリ）」メンバーの藤崎彩織さんが初めて出した小説『ふたご』（文藝春秋）や、昭和を代表する知識人で、雑誌「世界」初代編集長だった吉野源三郎さんの名著を漫画化して二〇一八年のベストセラーになった『君たちはどう生きるか』（マガジンハウス）など。また、一四歳の鈴木るりかさんが書いた小説『さよなら、田中さん』（小学館）もあった。

一時限目が始まる少し前、三年生の女子生徒が入ってきて、並んだ本をササッと見渡し、湊《みなと》かなえさんの『贖罪《しょくざい》』（双葉社）と『サファイア』（角川春樹事務所）を借りていった。その間、ほんの数分のことだった。

明るく開放的な豊明高校の図書館

「本の好きな子で、こういう『隙間《すきま》時間』に来て探していくんです。生徒は本を選ぶ時間をあまり取れないので、なるべくパッとわかるように並べ方を工夫しています」と、司書として図書館に常駐する実習助手の杉浦まなみさん（58歳）は話す。本は表紙を上や前にし、タイトルがすっと目に飛び込んでくるように並べられていた。

生徒のリクエストを受けながら年四回、新刊本も入れているという。若者に人気の有川浩さんや山田悠介さんら、作家別に作品をそろえて並べた棚もあった。

「本を手にしてほしい」という思いが、棚から伝わってくるかのようだった。

◇本への関心、着実に

ところで、一か月間に本を一冊も読まなかった高校生の割合は、全国平均五七・一%に上る。全国学校図書館協議会などによる二〇一六年の調査結果だ。しかし、毎朝一、二年生が学校で本を読む「朝の読書」をしている豊明高校では、この年は六・四%だった。

「読書習慣が中学時代までに付いていない生徒は今、正直言って多いと思います」と、小島寿文校長（55歳）は話す。「でも、この学校では朝の読書が本に対する興味を高めていると感じます」。着任したばかりの二〇一七年、運動部の男子生徒が、三年生になって部活を引退した後、「本を読みたい」と図書館に来ているのに驚いたという。

豊明高校では教師のお薦め本を図書委員がインタビューし、図書館報で紹介している。図書館の新着図書は、校内にカラー刷りの張り紙をして案内している。「本の情報がいろいろなところから入るようにしています」と、図書情報部主任の星野久美子教諭は説明する。

秋のハロウィーンの季節には、図書委員が仮装し、教室を回ってラッピングしたお薦め本を配るなど、本への関心を広げる企画も実施してきた。

とはいえ、教師から「大学進学実績を上げるために小テストなどの学習に切り替えるべきだ」といった意見が出ることもある。このため、二〇一七年度から三年生は「朝の読書」を「朝の学習」の時間に変更した。

だが一、二年生で朝の読書をしているために、読書習慣は定着している。受験などを終えて進路が決まった三年生が、図書館で再び本を探し、読書にふける姿も見られるという。

「生徒が友達との約束や面談などの待ち時間に図書館のソファに座り、カバンから本を出す姿は、見ててかっこいいと思います。ここでは、スポーツをしていて一見、本を好きそうでない子も本に親しんでいる。朝の読書は生徒の一生の宝物になっているのではないかと思います」と、図書館司書を務める杉浦まなみさんは話す。

また、夏休みに「新書を読む」という国語の課題が出たことがある。その課題に、坂井修一著『知っておきたい情報社会の安全知識』という岩波ジュニア新書を選んで読んだ男子生徒がいた。同書には「インターネットの向こうにいたら一番こわい人」の例として、ロシアの文豪・ドフトエフスキーの小説『悪霊《あくりょう》』のニコライ・スタヴローギンが挙げられている。その男子生徒は、新書のそのくだりを読んだのをきっかけに、図書館で『悪霊』（新潮社）を借り、「朝の読書」の時間に読破したという。

杉浦さんは「朝の読書の時間がなかったら、その生徒が『悪霊』を読破することもなかったかもしれない」と、朝の読書の存在意義を強調した。

カラー刷りの新着図書を案内する張り紙

◆生徒たちも「変わった」

では、当の生徒たちは朝の読書をどうとらえているのか。豊明高校で二〇一八年五月に全校生徒に実施したアンケートでは、それまで「本が嫌い」「本はつまらないと思っていた」「全く読まなかった」という生徒が、「本を好きになった」「読む楽しさがわかった」「苦手意識がなくなった」などと答えている。

「今まではマンガばかり読んでいたが、小説や詩などの面白さに気づき、家でも読むようになった」（二年男子）、「今まで読まなかったジャンルの本も読むようになりました」（一年女子）、「好きな小説家に出会えました」（三年女子）、「スマホにさわる時間が減った」（三年男子）という声もあった。

休み時間や帰宅後、休日などにも本を読み、図書館や書店に行くようになったという生徒も多かった。

朝の慌ただしさや部活の朝練から気持ちを切り替え、「一限の授業から集中して取り組むことができる」「良い気持ちで一日を始められる」「心が穏やかになる」と、精神的に落ち着く効果を挙げた生徒も少なくない。

　また「文章問題を読むのが早くなった」「語彙《ごい》力が上がった」「物事を広く考えられるようになった」「想像力が豊かになった」「国語の成績が上がった」「授業では学ばない知識を得ることができた」と、学力向上につながった実感を記す生徒もいた。

「朝の読書」から「朝の学習」の時間になっている三年生も、次のように振り返った。

「部活や勉強などが忙しく、本を読む時間を自分から作るのは大変なので、そういう時

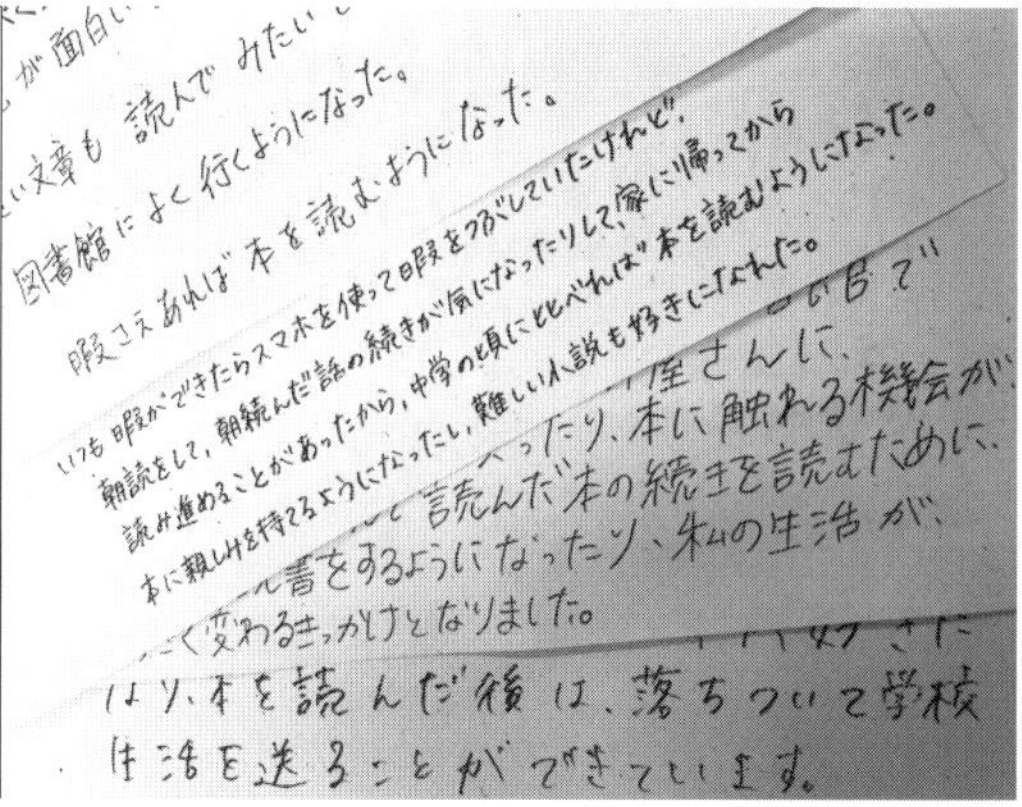

「本を読むようになった」と書かれた生徒たちのアンケート

間を作ってもらえてとてもよかった」「友達と良い本、面白かった本、好きな作家を共有できて楽しかった」「『神様のカルテ』（小学館）という本を読んで将来の夢が変わりました」（いずれも女子）、「興味のある本を本屋でたくさん買って休みの日にずっと読んでいた日もある」（男子）

また、中学の時は図書館をほとんど利用せず、本を読む機会はなかったという三年生の女子は、高校に入って図書館で本を借り、書店で本を買い、家でも読書するようになった。朝の読書が「私の生活が大きく変わるきっかけとなりました」と、アンケートにつづった。

2

朝の読書の始まり

心の荒廃への対応に手応え

こうして全国各地の学校で児童や生徒がしている朝の読書の始まりは、三〇年ほど前から。

千葉県の私立女子高校での取り組みが最初だった。

千葉県の公立高校の入試制度が一九七〇年代半ばに変わった余波で、公立高校受験を失敗した生徒たちが入ってくるようになったその高校では、きちんと人の話を聞けない生徒たちが増加してきていた。朝のホームルーム中であろうと授業中であろうと、生徒がおしゃべりし続けることに、教師たちは悩み、対応を模索していた。

そのひとり、林公《ひろし》教諭（二〇一三年、70歳で死去）は、「馬鹿野郎《ばかやろう》、死んじまえ」と書かれた机の落書きを見て生徒の心の荒廃を痛感し、「何かしなければ」と考えていた。

一方で、林さんは文章を読ませる授業に手応えを感じていた。ある日、高校時代に鉄道自殺で両足を切断しながら奇跡的に命をとりとめ、新しく生きる決意をした少女の心の軌跡をたどった雑誌記事を生徒に交代で朗読させると、生徒たちが泣きながら読んだという。

林さんは、活字が生徒たちの心を動かす様子を目の当たりにし、生徒が感動しそうな小説やノンフィクションをプリントして読ませ続けていた。

そんな折、林さんは『読み聞かせ　この素晴らしい世界』（ジム・トレリース著、高文研　現在絶版）という本に出会った。

真の学力を高めるために子どもを本好きに育てることや、その導入としての読

「黙読の時間」について書かれた『読み聞かせ　この素晴らしい世界』

み聞かせの大切さを説いた本だ。

そして最終章に書かれた、米国の小中学校や障害児施設で行われていた「黙読の時間」に着目した。そこには、施設で、絶えず動き回って読書を受け付けなかった子どもたちも本を熱心に選び、読書への関心を広げていったことなどが書かれていた。

林さんは「黙読の時間」を、自分が教えている高校でも試みたいと思い立ち、この最終章をコピーして職員室で配布した。さらに校長、教頭、学年主任らで組織される運営委員会に導入を提案した。

静まる教室の説得力

朝の読書のヒントとなった『読み聞かせ　この素晴らしい世界』の最終章には、米国で一九六〇年代から提唱され、それを支持して実験を重ねた読書問題専門家のマクラッケン夫妻の勧めとして、「黙読の時間」の手順が次のように記されている。

①一定の時間だけ、読ませること。教師や親はそれぞれのクラスや家庭に「黙読の時間」を導入し、子供の熟達に応じて調整すること。教室の場合は、一〇分ないし一五分が望ましい。

②読むための素材は子供自身に選ばせること（本、雑誌、新聞など）。その時間内は、ほかの読み物と取り替えないこと。素材はすべて事前に選んでおくこと。

③教師や親も、読むことで手本を示すこと。これは何よりも大切なことである。

④感想文や記録のたぐいはいっさい求めない。

一九八八年に林さんが提唱した「朝の読書」の四原則は、これを「私たちなりにわかりやすい表現にしたもの」だと、林さんは自著『朝の読書　実践ガイドブック』（メディアパル）に書いている。

「黙読の時間」に着目した林さんは、自らの学校でも、朝のホームルームで全校一斉に「朝の読書」の時間を設けることを、教師らに提案した。

しかし、職員会議で議論が百出した。

「全校一斉にするなんて、教師や生徒の自主性をそこなうのではないか」「読書は、強

千葉県の私立女子高校で行われていた朝の読書の風景

2 朝の読書の始まり

制的に押しつけるものではない」と、強硬な反対意見も出たという。

ところが、「朝の読書」をいち早く、実際に始めるクラスが現れた。二年生のそのクラスの担任は、林さんから「黙読の時間」について記した本のコピーを受け取るとすぐに、朝のショートホームルームで一〇分間、生徒たちに本を読ませた。

シーンと静まり返る教室で、生徒たちが黙々と読書に集中している。その光景を見た林さんは全職員に報告し、その現実は説得力をもって、反対していた教師も賛成に回り、全校一斉の朝の読書が実現した。

◆「趣味は読書」と言える生徒に

千葉県の私立女子高校で、林公さんが「朝の読書」を提唱してすぐに、自分が担任するクラスで始めたのは、大塚笑子《えみこ》さん（72歳）だ。現在は朝の読書推進協議会の理事長を務める大塚さんにお目にかかって当時の話を聞くと、大塚さんは「その何年も前から読書指導をしていたんです」と振り返った。

教室には、クラス費で買った本や家から持ってきた本、古本市で買った本など一〇〇冊以上を置いて「学級文庫」にし、読書しやすい環境をつくっていたのだった。

さらに、週一回のロングホームルームの時間に『高瀬舟』や『杜子春』『蜘蛛の糸』『山月記』『坊っちゃん』などの名作を読み聞かせたり、朗読テープを聴かせたりしていたという。

初めは就職や進学のためだった。三年を担任した時、進路指導でクラス全員に履歴書を書かせると、ほとんどの生徒に自己アピールするものがなかったことが、きっかけだった。「部活もしてない、検定も取ってない、趣味もない……では、どこにも採用してもらえない。履歴書に、せめて『趣味は読書』って書かせたかったんです」と大塚さん。

だが、読書指導すると生徒は自ら本を読むようになり、試験問題への理解度も上がって学力も向上した。生徒の間で「面白い本ない？」と声を掛け合うようにもなっていった。

2 朝の読書の始まり

大塚さんは、学級通信を毎日発行していた。そこに、星野富弘さんの草花の絵が描かれた詩を載せて、朝の読書後のショートホームルームで配り、その詩を読み上げていた。星野さんの詩画を教室にも飾っていた。

「そうすると、常に言葉が身近にあって自分を励まし、ちょっとしたことでカッとするのを抑えてくれるから」

赤点を取った生徒にも、「何もやらずにこの点なのはすごい。今度はもっと取れるね」とほめ、トラブル時は頭ごなしに叱らずに、相手の気持ちを想像させて行為を省みさせたという。

「身近なことを常に考えさせていたんです。読書で頭が柔軟になってる生徒は常識がわかるし、人の話も聞ける。どんな生徒も人間として認め、お互いに良さを引き出して、生かし合う。そんなクラスづくりの土台が、朝の読書でした」

大塚さんの話を聞いていて、「この方法は教育のみならず、組織づくりの神髄ではないか」という気がした。

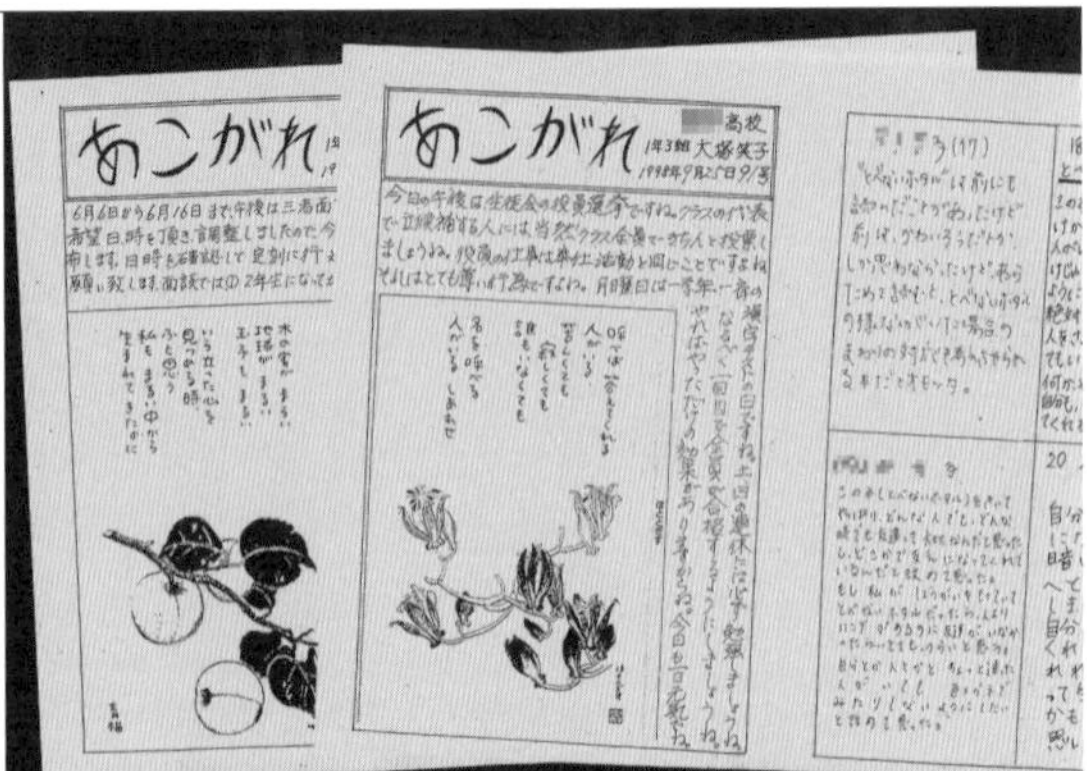

大塚笑子さんが担任するクラスで発行していた学級通信

◆体育の先生が旗振り役

このようにして、林さんと大塚さんが教師をしていた高校で、全校生徒が一斉に「朝の読書」をするようになって五年後、林さんは自らの現代社会の授業で朝の読書に対する感想文を書かせた。

ひとりの生徒はこう書いている。

「あんなに本を読むことを嫌ってた私が、今では、本、大好きっ子になってしまうとは、自分自身でも驚いてしまいます」

これらの感想や実現までの軌跡は、教師の座談会と合わせて『朝の読書が奇跡を生んだ』と題した本にまとめられた。林さんは、私費ではがきを購入して、大塚さんとともに本に書かれた試みを、全国の小中学校と高校にはがきを送って知らせ、各地で講演もし、朝の読書を広めていった。

林さんは、こうした功績から、菊池寛《かん》賞（一九九六年）などを受賞している。

一九九五年、出版取次大手「トーハン」の社員がこの活動を知り、同社が支援を開始した。教師や学校司書向けの研修会を開き、一九九七年には林さん、大塚さんと「朝の読書推進協議会」をつくって事務局を担い、「朝の読書」は運動となって、さらに広がっていった。

「朝の読書」を提唱した故・林公さん（1996年撮影）

その後高校を退職した大塚さんは、朝の読書推進協議会の理事長として今も朝の読書を広め続けている。講演などでは当初、「体育の大塚先生でさえできた」ことが、反対する教師の説得に貢献したエピソードを明かす。

そう、大塚さんは体育教師だった。学生時代には陸上選手で、大会への期待がプレッシャーになって病気になり入院。「死のうか」と考えていた時に、兄が病室をふらりと訪ねてきて、故郷・岩手県出身の宮沢賢治と石川啄木の作品を手渡してくれたという。

そして、啄木の歌集『一握《いちあく》の砂』の「死ぬことを持薬《じやく》をのむがごとくにも我はおもへり心いためば」の歌に自己を投影して涙が流れ、「やるしかない、と思った」と話す。

「『もうダメだ』『どうやって生きていこう』っていう時、啄木の作品のすごさに出会って救われた。そんな文学の力、本の力を、子どもたちにも教えたい……」――朝の読書が始まった現場には、こうした先生の、熱～い思いがあったのだ。

3

朝の読書 四つの原則

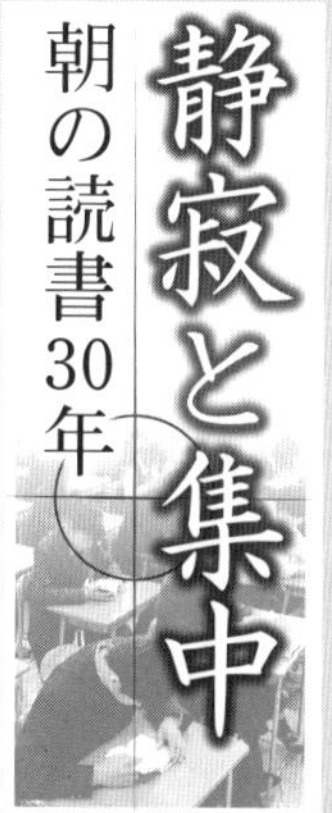

◇「みんなでやる」で成長

さてここで、朝の読書の四つの原則「みんなでやる」「毎日やる」「好きな本でよい」「ただ読むだけ」について考えたい。

まず、一つ目の原則「みんなでやる」は、「読書は強制するものではない」という反対意見を招き、導入の壁になることがある。

読書が強制すべきものではないのは、その通りだろう。ただ、学校でする朝の読書は、個人が主体的に本を選んでする通常の読書の前段階ともいえ、一般的な読書に対する通念がそのまま当てはまるものではないだろう。

朝の読書推進協議会理事長の大塚笑子さんは、「『読書は強制するものではなく個人の自由だ』というのは、既に読書習慣が付いている人を前提にした考え」だと話す。

「本を読まない子は『読めない』子なんです」と、言葉に力を込める。

読む能力がない、あるいは読む時間がなくて「読めない子」も本を読めるようにすることが、朝の読書の最大の目的なのだ。

「私がいた高校では朝の読書をする前、親の勧めもあって自ら本を読む子は一割弱でした。指導してすぐ読むのは三割ぐらい。それが、指導に力を入れれば七割になる。でも放っておくと、みんな『読めない子』になってしまう」と大塚さんは語る。

「本を読めない子を、読めるようにしたい」と話す大塚笑子さん

「みんなでやる」ことで、一人なら本を読もうとしない子も、読む方向へと確実に動かされていくのだという。

また、全校一斉にやると「生徒からみれば、教師の当たり外れがないことになる」とも話す。生徒全員が公平に自らを磨く時間を持つことができ、みんなで成長していけるからだ。

だが全校一斉にできないときでも、「朝の読書をいいと思った先生は、まずひとりで、自分のクラスだけでも実行してほしい」と、大塚さんは訴える。

朝の読書推進協議会の調べでは、朝の読書を実施している全国二万六千九二七校の小・中学校と高校のうち、「全校一斉」にしている学校は、八八・八％に当たる二万三千八九八校。学年で実施しているのは七・七％の二〇七三校。学級は三・一％の八四五校だった（二〇一九年一月現在）。

◇「毎日一〇分」がきっかけに

朝の読書の二つ目の原則は、「毎日やる」ということだ。

朝の読書推進協議会の調べでは、朝の読書を「毎日」している学校は、全体（二〇一九年一月現在、二万六千九二七校）のほぼ三分の一で、三四・七%。次に多いのは「週一日」で、二二・〇%。続いて「週二日」で、一三・三%だった。

また、時間で最も多いのは「一〇分間」で、半数以上の五三・九%。次いで「一五分間」で、三三・八%。「二〇分間」（八・六%）、「五分間」（一・二%）と続いた。

多忙さが指摘される現代の学校生活の中で毎日、朝の読書のために時間を捻出する難しさがうかがえる。

また、毎日している場合でも、「高校では、一〇分取るのが限度ですね」と、大塚さんは言った。

ただ、その一〇分がきっかけとなり、生徒たちは休み時間や帰宅後などにも、継続して本を読むようになっていくという。

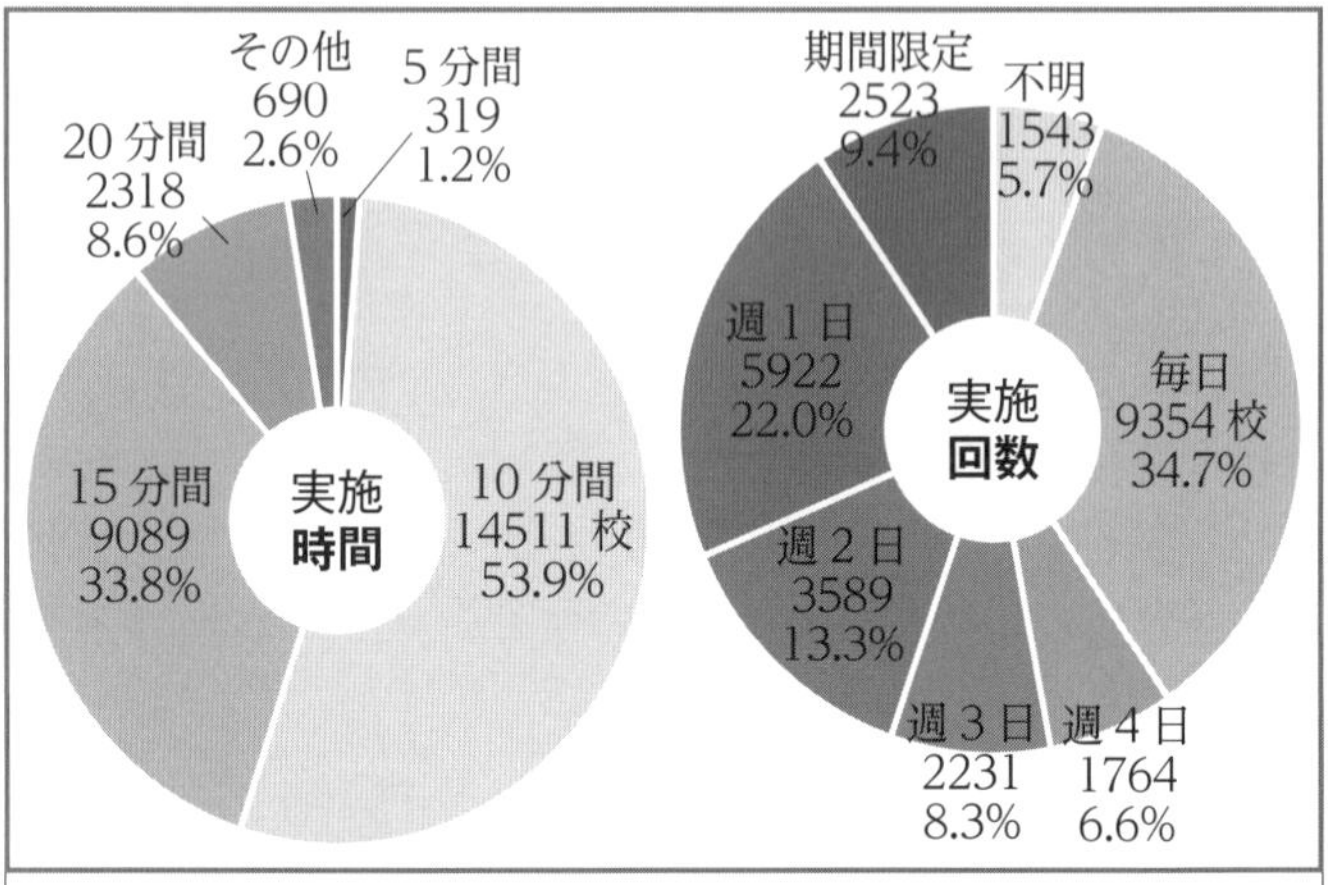

「朝の読書」の実施状況　全国小中高計２万6927校
朝の読書推進協議会調べ（2019年１月７日現在）

さらに、大塚さんはたとえ一〇分でも、「毎日やる」大切さを強調する。食事と同じように「毎日、心の栄養を取ってほしい」からだ。

「学校には家庭のいろんな問題を引きずりながら泣く泣く来ている子もいる。生徒はストレスを抱えながら生きている。その現実を見なくては……」と大塚さん。

教師をしていた時、自身が担任していたクラスにも、親がリストラされたり借金取りに追われたりして、家庭が経済的な困窮に陥っている子や、親が病気だったり、家庭環境が複雑だったりと、いろいろな悩みを抱えた子たちがいたという。

「置かれている立場でそれぞれ、選ぶ本は違うが、読むことが切ない気持ちや追い詰められた気持ちを癒やし、励ましてくれる。朝の読書の時間に生きる力を学習し、その毎日の積み重ねで自らの人格を育ててほしい。ご飯を食べるのと同じように、心の栄養を取って元気になってほしい」

「みんなで」「毎日」するのは、生徒全員が日々、生き抜く力を身に付け、自らを育てていくためでもあるのだ。

◇「好きな本」で主体性育む

「みんなでやる」「毎日やる」に続く三つ目の原則は、「好きな本でよい」だ。

なぜ、好きな本なのか。

朝の読書提唱者の林公《ひろし》さんは、「全ての生徒が自主性、主体性を身に付けられるようにするため」であり、「自分の読む本を自分で選ぶ行為そのものからして、私たちがこの実践に込めた重要な課題の一つ」と、自著『心の教育は朝の読書から』（メディアパル）で説明している。

また、①生徒全員が自分にその時必要なものを学ぶことができる　②それぞれ自分の力に合ったものを選べる　③個性に合ったものを選べる――といった理由も挙げている。

ただ、児童や生徒に「好きな本」を選ばせるとなると、範囲が広く、教育現場では戸惑ってしまうこともあるようだ。朝の読書の開始三〇周年を前に二〇一七年秋、秋田県で「朝の読書シンポジウム」が開かれたが、その会場でも、「好きな本は、どの程度までいいのか」と質問が挙がった。

パネリストのひとりで、秋田県横手市立横手南中学校の西村直崇教諭は、「原則は好きな本でよいけれど、漫画や雑誌は朝の読書の時間にはなしにしましょうと、生徒と約束しています。学習漫画まではＯＫを出しているのですが、あまり漫画を読む生徒はいません。むしろその時々に話題になっている本や、自分で購入した本を読んでいます」と、自らの学校の状況を語った。

同じく、パネリストとして参加していた朝の読書推進協議会理事長の大塚さんは、「私も歴史漫画を孫に買っていますが、漫画は朝の読書の時間にはやめて、昼の時間に読んで

２０１７年秋、秋田県で開かれた「朝の読書シンポジウム」

ほしい。やはり学習する場で、一日の勉強のスタートなので」と話した。

教師時代の大塚さんは、教室に「学級文庫」を置いて生徒が本を手に取りやすくし、本を選べない生徒などには、その子に合うと思う本をさりげなく勧めていたという。

ちなみに、読む本を「書籍のみ」にしている学校は八八・二%、「書籍と漫画も認めている」学校は六・一%となっている。また「朝の読書」人気本の二〇一七年度の第一位は、高校生は住野よる『君の膵臓《すいぞう》をたべたい』（双葉社）、中学生は『5分後に意外な結末』シリーズ（学研教育出版）、小学生は一一年連続で、原ゆたか『かいけつゾロリ』シリーズ（ポプラ社）だった（朝の読書推進協議会調べ）。

3 朝の読書 四つの原則

作文は求めず「読むだけ」

朝の読書の四つ目の原則は、「ただ読むだけ」。これは、感想文や記録のたぐいは求めない、ということだ。

林さんはこの原則について、朝の読書の最も直接的な課題は、本が読めない子を読めるようにすることであり、「必ず全員がそれを達成できるように、読むことだけに集中できるようにした」と、前出の著書『心の教育は朝の読書から』に書いている。

さらに、①教師も自分の好きな本を読む以外の仕事を一切なくす　②生徒全員に自分自身を見つめる余裕を持たせる　③生きていること自体を純粋に喜ぶ体験を生徒全員に味わってもらう――ためだともいう。

また、林さんは別の自著『朝の読書　実践ガイドブック』で、読書感想文を書かされるのが嫌で、読書嫌いになる生徒が意外に多いことも指摘している。「本を読むことと、その感想を書くこととは全く別の作業」「作文は読書よりもはるかに高度な能力と訓練を必要とする」と、その理由にも触れている。

とはいえ、大塚さんは「読書感想文は、書ける子は書いていいんです」と助言する。全国に広がった朝の読書の実践現場からも、本を好きになって感想文に抵抗がなくなったという生徒の声や、生徒たちが本の感想を語りたがっているという教師の実感などが報告されてきた。


気を付けるべきなのは、「書くところまで到達していない生徒に感想文を求める」こと。「そうすると、その子は本を読まなくなってしまう」からだと、大塚さんは言う。

また「ただ読むだけというのは、何も指導

林公さんが朝の読書の原則などについて書いた著書

しなくていいのではなく、読まない子や騒ぐ子がいたらもちろん、指導は必要」だとも強調する。

四つの原則に沿って朝の読書をしていると「生徒一人ひとりの違いがよく見えてくる」のだと言う。さらに「本を持ってこない子、読もうとしない子……。悩みを抱え、普段とは違う態度を取っている生徒の様子がよくわかるんです」

毎朝の読書の時間は、教師が生徒に目を配る機会にもなるのだろう。

◈コラム◈

❀朝の読書の広がり

◘環境をつくって手助け

こうした四原則を柱に据え、林さんや大塚さんが導入を提唱した「朝の読書」は、ほかの学校にも着実に広がっていった。当時、秋田県西木村（現仙北市）にある、生徒数一四〇人あまりの村立西明寺《さいみょうじ》中学校で教頭をしていた鈴木明美さん（75歳）も、共鳴して地元の学校で朝の読書を広げるのにひと役買ったひとりだ。

一九九五年一月。林さんは、ＮＨＫラジオ第二放送「教師の時間」で朝の読書について語った。鈴木さんは、日曜日午後のその放送をたまたま聴いていた。

西明寺中学校ではそれ以前から、毎朝八時から一〇分間の読書の時間があった。しかし、教師が職員室で朝の打ち合わせをする間に生徒だけが教室で本を読むやり方で、読書への集中度はいまひとつだった。「うるさーい！」「静かに～」と教師が声を張り上げて、一限目が始まっていたという。

教師も一緒に、好きな本をただ読むだけ。林さんの語る方法に、「ああ、これだ！　私たちの学校に足りなかったものは。生徒だけにやらせるのは違うんじゃないかと気が付いた」と、鈴木さんは振り返る。

朝の読書のことをラジオで知り、自分の勤務校で導入した鈴木明美さん

「もう少し話を聞きたい」と林さんに手紙を送ると、ラジオの録音テープや取り組みをまとめた本、生徒の感想文が載った資料などが、ドサッと送られてきた。それらを教師たちで共有し、校長も後押しして九五年の四月、西明寺中学校では毎朝一〇分、担任も一緒に読む朝の読書を始めた。打ち合わせは後にずらし、生徒はその間も読書を続けた。

一年近くたち、高校受験を控えた三年生と面接の練習をすると、全員が最近読んだ本への感動を自分の言葉で堂々と話し、「やってよかった」と胸が熱くなったという。

九六年四月、秋田県角館《かくのだて》町立角館東小学校（現仙北《せんぼく》市立角館小学校）の校長になった鈴木さんは、角館東小学校でも朝の読書を開始した。教師の会合など、事あるごとにその良さを語り、九七年四月、角館町の五つの小学校と一つの中学校全てで、朝の読書が始まった。

「朝の読書がもたらす静寂と集中の時間の積み重ねは、勉強する時も力になる。先生が生徒の様子を観察できて声を掛けやすくなり、お互いの安心と信頼も増す。想像力が鍛えられ、コミュニケーション力も上がる」と鈴木さんは朝の読書の効用を実感を込めて語り、さらに、こうも強調した。

「読書は習慣。環境をつくってちょっと手助けしてあげれば、その習慣は子どもたちに簡単に付けられる」

4

中学校で——横手市立横手南中学校の場合

◆話題書は貸し出し中

朝の読書をしていて、学校図書館がよく利用されている学校は多い。そんな学校の一つ、秋田県横手市にある生徒数五四〇人あまりの市立横手南中学校を訪ねた。

朝七時四五分。生徒たちが自転車や徒歩で続々と登校する中、校舎の三階にある図書館の貸し出しカウンターには既に、セーラー服姿の女子が座っていた。図書委員の生徒だ。別の女子が入ってきて「お願いします」と本を差し出すと、「ピッ」と慣れた手つきでバーコードを使い、返却処理をする。

男性教師も来て、池井戸潤『オレたち花のバブル組』（文藝春秋）などを返し、同じく池井戸さんの『不祥事』（講談社）などを借りていった。

横手南中学校では毎朝、図書委員が司書の出勤前に職員室でカギを借りて図書館を開け、朝の読書の前に本を借りにくる生徒に対応している。図書委員は、朝だけでなく昼休みと放課後にも、三人から二人の当番で貸し出しと返却の受け付けをしているという。

カウンター近くには辻村深月《みづき》『かがみの孤城』（ポプラ社）や、知念実希人《ちねんみきと》『崩れる脳を抱きしめて』（実業之日本社）などの新刊・話題書や「図書委員によるオススメ」本が、表紙コピーや新聞切り抜き、手づくりポップなどを使ってPRされていた。だが本は軒並み貸し出し中だ。

宮下奈都『羊と鋼の森』（文藝春秋）など映画やドラマの原作本が並ぶ棚や、重松清『きみの友だち』（新潮社）など、司書が選書した必読書の棚もある。文庫の前では、女子が「これ面白い?」「面白かったよ」「これ、お薦めだよ」などと言い合いながら本を選んで

図書館には、朝から生徒たちが次々に訪れていた（秋田県横手市の横手南中学校で）

いた。

机に教科書とノートを広げて勉強している女子や、尾田栄一郎作の漫画『ワンピース』（集英社）を読んでいる女子もいる。『ワンピース』は二〇一一年の東日本大震災後、東北地方の小中学校に当時の全巻が出版社などから寄贈された。

「漫画も活字文化ととらえているのと、親しみを感じられ生徒に寄り添う図書館でありたいというスタンスで、市の学校図書館には漫画も雑誌も置いています」と、横手市学校教育指導員の奥山澄子さんは話す。

日差しが入り込んで明るく、生徒が絶えず来ていたが、朝の読書が始まる八時一五分が近づくと皆、すっと去っていった。

4 中学校で——横手市立横手南中学校の場合

本にふれる機会を後押し

秋田県横手市の市立横手南中学校では、毎朝八時一五分から三〇分まで、朝の読書をしている。二〇〇一年から始まり、今年で一九年目だ。「最初は生徒指導の面から始まったと聞いています。落ち着いて学校生活に向かうところからスタートして、本をよく読む生徒たちになってくれた」と、佐々木孝雄校長は話す。

横手南中学校の学校図書館の貸出利用率、つまり図書館で本を借りた生徒の割合は、ここ数年は九〇％台後半で推移している。ほとんどの生徒が一年に一冊は借りている。貸出総数は、多い年には一万三千冊を超え、生徒一人当たりでは二七冊。二〇一六年度も二三・二冊だった。

読書量の多さの背景には、図書館の利用しやすさだけでなく、「生徒と本を近づける」さまざまな活動がある。

秋には学校祭で、大型絵本の読み聞かせなどをする「図書展」を開催。また読書週間に合わせて全校生徒が集う読書集会を開き、読書標語の表彰や読書クイズなどをしている。過去には「最新の広辞苑に載っていない言葉は」「夏目漱石はフランスに留学したか」などの答えを選択する問題が出されて盛り上がったという。

三〇分ある昼休みにも、生徒が図書館に足を運ぶための工夫として、吹奏楽部や合唱部のミニコンサートやビブリオバトル（書評合戦）、辞書引きコンテストなどを実施している。ビブリオバトルは、二〇一七年は読書集会でも行った。その時に紹介された、山本弘『幽霊なんて怖くない　BISビブリオバトル部』と山田悠介『DUST（ダスト）』、辻村深月『凍りのくじら』は、「借りる生徒がかなりいました」と学校司書の小野昌子さん（46歳）は話す。『BISビブリオバトル部』

「ただいま貸し出し中です！」と札の貼られたブックスタンドも目立つ（横手南中学校）

4 中学校で――横手市立横手南中学校の場合

シリーズは、中高一貫校の「美心国際学園（BIS）」のビブリオバトル部に入部したSF好きの少女が主人公で、実在する本の話題が飛び交う小説だ。

また年度末には、生徒が朝の読書で読んだ本の中から「心に残る言葉」を一つ選んで書いて掲示する。

卒業する三年生と教師の言葉は、文集にまとめてもいる。

生徒が主体となったこうした多彩な活動の中心は、各学級に二人いる図書委員だ。それを「後押しし、支えているのは学校司書の先生で、本に親しむ生徒を育てるのに欠かせない存在」だと、案内してくれた西村直崇教諭は強調した。

◇新聞も活用――読み考える

また、横手市では読書だけでなく、ＮＩＥ（教育に新聞を）活動も積極的に推進していて、横手南中学校も例外ではない。例えば、地元紙「秋田魁《さきがけ》新報」が、秋田県が抱える問題について提起し、県民から解決策を募る「＃秋田の問題」プロジェクトを実施した際、生徒が解決策を応募し、生徒の投稿が紙面に多数掲載されたことがあった。

秋田県は、少子高齢化に伴う人口減少率の高さや、若者の都会への流出などの問題を抱えている。二〇一八年春、「秋田魁新報」は、こうした問題について、以下のように紙面で読者へ問い掛けた。

①若者の流出を食い止める「仕事」を考えよ
②秋田の高齢者が活躍できるアイデアを考えよ
③増え続ける秋田の空き家の活用方法を考えよ
④秋田に外国人観光客を呼び込むアイデアを考えよ

4 中学校で——横手市立横手南中学校の場合

横手南中学校では、二年生と三年生が総合的な学習の時間を使ってこれらの問題を考え、応募した。三六七〇の解答の中から解決策を紹介した二〇一八年五月一六日の朝刊には、生徒たちの解答がたくさん並んだ。

例えば第一問に、生徒は「起業を考えている人をサポートしたり、遊休地を紹介する事業。もっと秋田で夢をかなえよう」「世界的に有名な秋田犬《いぬ》の、犬カフェを造る。秋田犬がのびのびできる自然豊かな場所でふれ合いを楽しんでもらう」と提案した。

また第二問には、「お年寄りたちが知っている歴史や文化を、観光ガイドとして積極的に紹介してほしい」「昔ながらの料理や、清掃の仕方などを教えてもらう『高齢者の知恵図書館』を作る」などのアイデアを挙げた。

第三問には、「秋田県ではお年寄りが多く、介護施設が不足しているので、空き家を利用すれば待機者も減ると思う」などと答えた。

ＮＩＥ活動としてはほかにも、各階廊下に新聞閲覧台《えつらん》を置いて一般紙を読めるようにし、当番のクラスの生活班五、六人が朝、閲覧台の新聞を読み、目に留まった記事の内容や感想を付箋《ふせん》に書き留めて貼り、生徒たちが自由に読めるようにしている。また、生徒全員に新聞が配られて読む時間を持つ、年八回の「新聞の日」もある。

ＮＩＥ活動は、図書館の活用と並び、横手市の「言語活動の充実による学力向上推進事業」に沿ったものだという。

生徒が付箋に感想を書いて貼り付けた秋田魁新報の朝刊（横手南中学校）

4 中学校で——横手市立横手南中学校の場合

◇小学校から育つ本好き

小中学校の学習指導要領には、二〇〇八年の改定時、重点事項として「言語活動の充実」が盛り込まれた。横手市でも、二〇〇九年から「言語活動の充実による学力向上推進事業」を開始した。事業は二期目に入り、柱に学校図書館の活用とＮＩＥ（教育に新聞を）を据えている。

毎日一五分の朝の読書に加え、事業に沿ったさまざまな活動をしている横手南中学校の西村直崇教諭は、「市内で足並みをそろえて取り組んでいるから、小学校時代から本好きな子どもたちが育っている」と話す。

校長室前の壁には、三人の三年生が、本人の顔写真と吹き出しの台詞《せりふ》で、一年生にお薦め本を紹介する装飾が張られていた。佐々木孝雄校長は「校内に言葉がたくさんある。横手市の児童生徒が感想文の全国コンクールで高レベルの成績を収めているのも、こうして育まれた読書習慣から来ているのではないかと思う」と語る。

二〇一八年二月に表彰式があった青少年読書感想文全国コンクールで、横手南中学三年生の女子が「自由読書」部門でサントリー奨励賞を受賞した。同じく横手市の横手北中学三年生女子が、「課題図書」部門で内閣総理大臣賞を受けた。

学力の面でも、小中学生を対象にした全国学力・学習状況調査で秋田県がトップレベルを維持し続けているのは知られているが、横手市も同様に高水準だ。横手市教育委員会によると、二〇一七年度の同調査で、横手市は小学六年の国語A（知識）・B（活用）、算数A・B、中学三年の国語A・B、数学A・Bでいずれも全国平均値を上回った。国語では、小

横手南中学校で毎朝15分間行われている朝の読書の風景

4 中学校で——横手市立横手南中学校の場合

学六年A・Bで全国平均値を五〜七ポイント、中学三年A・Bでも七〜一〇ポイント上回った。

秋田県は、高学力の背景として望ましい生活・学習習慣の定着などが考えられると分析しているが、読書好きな子どもの割合は、県も横手市も、全国平均より多い。同じ調査で「読書は好きですか」という質問に、「当てはまる・どちらかといえば当てはまる」と答えた横手市の小学六年生は八一・四％（全国平均七四・三％）、中学三年生は八五・七％（全国平均六九・九％）だった。

◇日本語力は思考の土台

　実は、横手市の伊藤孝俊教育長（65歳）は二〇〇一年、市立横手南中学校で朝の読書がスタートした時の同校教員だった。

「校長から『朝、落ち着いて授業に入れないか』と相談を受けまして」と、伊藤教育長は当時の経緯を語る。

「私は国語教師だったので、以前から学校図書館にかかわったり学級で読書を勧めたりもしていましたが、中学生になると部活動や生徒会などがあり、学校全体で動かないと本を読ませるのは難しいという実感もありまして」

　最初は本のない子がいるなどうまくいかない面もあったが、図書館で急きょ本を貸し出すなど、その時々に対応を考え、進めていったという。その後、赴任した小学校では読書に加え、ＮＩＥ（教育に新聞を）活動を奨励した。

「小学生は反応がよくて、成績もグンと上がった」と話す。

　二〇一三年に教育長になってからは横手市全体で読書を推進し、学校司書の配

4 中学校で——横手市立横手南中学校の場合

置も拡大した。現在は市立の小学校一七校、中学校六校全てに司書がいる。

「今はどの小学校でも本を年間に一〇〇冊読む子が半数以上いて、多い学校では七、八割。中学生もよく読んでいます」

さらに、中学生がお薦め本の紹介文を書いた「おすすめの本１００選」のポスターと小冊子を作成している。また、スマホなどとの付き合い方を考える「アウトメディアチャレンジＤａｙｓ」も設けている。

「今は電子機器による情報収集を避けては通れない。禁止するのではなくて使い方を考え、生活を見つめ直す日なんです」

活字教育に力を入れるのはなぜか。

「私たちは、何かものを考える時には母語

秋田県横手市の中学生がお薦め本の紹介文を書いた冊子とポスター

で考える。思考の土台となる日本語の力を付けない限り、それ以上学習は発展しないのではないか」というのが基本的な考え方だとした上で、伊藤教育長はこう話した。

「その力を子どもに付けるのは明らかに学校の大事な務めで、年齢に応じた読書で活字に常に触れ、九年間積み上げていけば、しっかり身に付くだろう。そうすれば大人になっていろんな困難に遭っても、自分の頭と心で解決していけるだろう。そう考えるからです」

5

読書感想文の達人

◆総理大臣賞を中学時代に二回

横手市の中学生が、青少年読書感想文全国コンクールで好成績を収めていることを前述したが、横手市にはこのコンクールに三年連続で入賞した女子がいる。しかもそのうち二回は、最優秀賞に当たる内閣総理大臣賞に輝いた。取材当時（二〇一八年）、秋田県立横手高校一年生の伊藤紬《つむぎ》さん（15歳）だ。

二〇一八年二月に表彰式があった中学三年時のコンクールでは、「つながりの中で今を生きる」と題した感想文で、応募総数四七〇八編の中から内閣総理大臣賞に選ばれた。

読んだ本は『ホイッパーウィル川の伝説』（キャシー・アッペルト&アリスン・マギー著　吉井知代子訳　あすなろ書房）。一一歳の少女ジュールズが主人公の翻訳ファンタジーだ。

雪が降った朝、ジュールズの前から森へ向かって走りだした姉のシルヴィは、スクールバスが来る時間になっても戻ってこない。ジュールズが姉の足あとをたどると、川が地下の空洞に急激に流れ落ちる「奈落《ならく》の淵」の手前で途切れていた。

　奈落の淵は、危険な場所であると同時に、願い事をかなえてくれる「願い石」を投げ込む場所でもある。不思議な力を持つキツネのセナに導かれて石の洞窟を発見し、姉が願いを書いていた石を見つけたジュールズは、なぜ姉がいつも「もっと速く走れるように」と願い続けていたのかを知る。

中学時代に読書感想文コンクールで連続入賞した伊藤紬さん

　〈ひんやりとした感覚が、胸の奥に広がってくる〉……伊藤さんの感想文はそんな一文で始まり、物語を読み解いていく。〈最初私は、シルヴィを身勝手だと思っていた。理由も言わずに、速く走ることに夢中になり、妹を置きざりにして命を落としたわがままな姉だ〉〈しかし、それは違っていた〉〈シルヴィが走り続けたのは、愛する妹や父を守るためだった〉……。

そして、物語から得た気づきをつづる。〈それぞれがお互いを思いやり、愛を与え合い、悲しみを分かち合いながら生きている。命は、そんなあたたかいつながりの中にあること。そして命は、大切な人と重なり合っていることを、ジュールズたちは教えてくれた〉〈私が今、幸せに生きていることが、私とつながる人の喜びになり、支えになっていることにも気付いた〉……。

さらに伊藤さんは、「『今』を精いっぱい生きる」ことの大切さへと考えを発展させ、感想文を結んだ。

◇何回も読み主題をつかむ

伊藤さんは中学二年生の時にも、内閣総理大臣賞を受賞している。一年生の時には全国学校図書館協議会長賞を受けた。

「読書感想文の達人」といえる伊藤さんだが、どのように読書し、感想文を書いてきたのか。高校を訪ね、放課後に話を聞いた。

「私は、ゆっくりじっくり読むタイプ。読むのは一カ月に一冊か二冊で、一年を通して二〇冊いけばいいぐらい」。伊藤さんはそう語った。

感想文を書く本に限らず、普段から一冊の本を繰り返し読むという。

「一冊を二回読むのもそうですし、その中の何ページかを何回も何回も読み返していいます。一回目と二回目の感想は全く違うものだったりするので、読み返すことで『こういう感想を見つけた』『こういう考え方もあるんだな』と知ったり、考えが深まったりします」

感想文を書いた本は、三年生の時は『ホイッパーウィル川の伝説』（あすなろ書房）、二年生ではジル・ルイス著『白いイルカの浜辺』（評論社）、一年時が本田昌子著『夏の朝』（福音館書店）だ。

コンクールでは、中学生には三冊の課題図書が挙げられる。その三冊を全て読み、感想文を書く一冊を選ぶという。心掛けているのは、主題をつかんで書くこと。

「物語でもほかの本でも、何回も読んで、だんだん主題がみえて、つかめてくるのを文章にする。それが難しいところではあるんですが、大事にしています」

『ホイッパーウィル川の伝説』も、「一回目

伊藤紬さんが読んだ課題図書

に読んだときはすごく悲しくて救いがないような話だと思ったんですけど、何回も読むことでだんだん主題……愛や優しさという、悲しい雰囲気の中にある温かさに気づきました」と話す。

「その時にすごく深い本だとわかり、三冊の中で一番、自分にとっての学びが多いと思い、感想文を書くのをその本に決めました」

◆主人公に自分を重ねて

伊藤さんが通った横手市立朝倉小学校と横手北中学校には毎日、朝の読書の時間があった。

それはどんなものだったのだろうか。

「毎日一五分の短い時間ではあるんですけど、笑ったり泣いたり、いろんな感情に浸ることができたし、本の世界に入ることができました。学校で一番楽しい時間で、一日のスタートの朝からすごくいい気持ちになれて、楽しい思い出でした」

特定の本にはまった時期もあったという。

「小学五年か六年の時、課題図書に『永遠に捨てない服が着たい』（今関信子著汐文社）っていう本があって、学校が舞台のノンフィクションなんですけど、すごく好きで毎朝、読んでいたことがあります。昼休みや家に帰ってからは別の本を読んでも、朝は必ず、その本でした」

5 読書感想文の達人

学校図書館もよく利用したという。

「小学校の時は、一〇〇冊読んだ人を『達人さん』として認定する制度があって、学校で一人一〇〇冊読もう、ということが運動のようになっていました。私は二〇〇冊や三〇〇冊読んだりすることもあって、『小学校の時はたくさん読んでいたなぁ』って思います」

中学生になると吹奏楽部に入って図書館に行く時間が減り、高校では朝の読書の時間はなくなった。

けれども「短時間でも、本を読むといろんな気持ちを味わったり学んだりできるので、読む時間をちょっとでも作るようにはしています」と語る。

読書感想文は、朝倉小学校一年生の時に校長先生から作文指導を受けて、コンクールにも応募し始めた。

「物語を読む時、主人公などしゃべっている人の気持ちをよく考えることも大事だよって、教わった気がします」

小学四年生の時には、秋田県審査の小学中学年の部で、課題図書の最優秀賞を受賞した。

さらに小学六年生の時には、福田隆浩著『ふたり』（講談社）で、小学高学年の部の内閣総理大臣賞を受賞した。

「その本は自分と同じ年代の主人公だった。境遇とかに近いところがあると、身の回りと比較したり、自分に置き換えたりして考えることがあります」

◇先輩・むのたけじさんを尊敬

伊藤さんが読書好きになったのは、幼いころから絵本などを読み聞かせてくれた母親の影響も大きいという。

「母は小学生や中学生になってからも、いい本を見つけては、借りたり買ってくれたりしていました。好きな本を読むのも大事だと思うけれど、興味のない分野や知らない分野の本をもらうと知識や考え方が広がり、深まっていく感じがします」

中学生の時、いつも小説を読んでいた伊藤さんに母は一〇代向けの哲学の本を、また小川洋子さんの小説『博士の愛した数式』（新潮社）を読んでいると、同じ小川さんの小説『ことり』（朝日新聞出版）を教えてくれた。

その母が織物の産地の群馬県出身なのと「人と人とをつなぐ存在であるように」との願いを込めて、紬さんは名付けられた。

両親はともに国語教師で、父親も課題図書を一緒に読み、本を決める話し合いの相手をしてくれたという。

今までに読んだ本の中で、印象に残っている言葉は？

「いい本に出会えてきたので、それぞれにいい言葉がある」としながらも、中学二年生の時の課題図書『白いイルカの浜辺』（評論社）の「真実はいつも目の前にあった」という台詞《せりふ》を挙げた。

「自分の良くないところに目をつぶっていた自分がいたのにも気づかされ、これからは何が足りないのかにまっすぐ向き合っていこうっていう気持ちができた瞬間でもあったので」

尊敬するのは、同郷で横手高校の先輩でも

1992年2月、秋田県横手市で、かまくらの前に立つむのたけじさん。戦争などの社会問題に関し、地方から鋭い論評を発信し続けた
（写真提供：共同通信社）

あるジャーナリストの、むのたけじさん（一九一五〜二〇一六年）。むのさんの詞集『たいまつ』（評論社）を読み、指針になる言葉が多かったという。中でも「簡単に咲く花は、簡単に散る。」という言葉を座右の銘にしている。

「私も、あきらめずにやり遂げることを大事にしています。冬が長くて、寒さに耐える生活の中で身に付けた価値観は、少なからず似ているのかなと思います」

将来の夢は、教師になることだと話す。

「本を読む楽しさももちろんですけど、自分の感想を文にすることも、難しいながらもできた時に達成感があり、自分の考え方がよく表れるものだと思うので、先生になったら子どもたちに教えてあげたい」

◈コラム◈

❀ふるさと納税で支援

◘出版取次大手が秋田県に寄付

秋田県横手市で読書好きな子どもが多いことは前述したが、秋田県全体でも、その傾向がある。二〇一七年度の全国学力・学習状況調査で、「読書は好きですか」が「当てはまる」「どちらかというと当てはまる」と答えた小学六年生の割合は八一・三％（全国平均七四・三％）、中学三年生は八〇・二％（全国平均六九・九％）だった。

二〇一〇年に全国に先駆けて読書条例を制定し、二〇一四年に県民読書の日（一一月一日）を定めた、読書への意識が高い県でもある。朝の読書の実施率は八三％だ。

「昼読書に変わった小学校もあるようですが、県内の小中学校では当たり前のように毎日、朝の読書をしています」と、秋田県教育庁生涯学習課の山田仁美主任指導主事は話す。

そんな秋田県を、読書推進に力を入れてきた出版取次大手「トーハン」が、「企業版ふるさと納税」と呼ばれる地方創生応援税制を使って支援している。秋田県が二〇一七年度から三カ年で進める「読書が広がるホップ・ステップ・ジャンプ事業」に、初年度、当初予算九五〇万円のうち五〇〇万円を寄付した。また二〇一八年度にも三〇〇万円を寄付している。

事業は読書に親しむ取り組みを三段階に分け、最初の「ホップ」はきっかけづくり。二〇一七年度は、大型絵本の読み聞かせをする「おはなし会」や、小学生の図書館利用につながる調べ学習講座などをした。

「ステップ」は人材の育成とネットワークづくりで、読み聞かせボランティア講座と交流会や、図書委員向けのお薦め本ポップ作り講座などを開催した。また「ジャンプ」は読書の喜びを発信する段階で、中学生・高校生のビブリオバトル（書評合戦）などを実施した。

二〇〇一年施行の「子どもの読書活動の推進に関する法律」に基づき、文部科学省は二〇一八年四月、第四次「子供の読書活動の推進に関する基本的な計画」を打ち出した。

「そのポイントに、発達段階に応じた取り組みや友人同士で本を薦め合うなど読書への関心を高める取り組みの充実が挙げられましたが、ポップ作りなどはまさにそうしたもの」と秋田県生涯学習課の成田亮子副主幹は話す。

トーハンの加藤真由美広報室長は、「協力して未来の読者を育てたい」と語る。

6

朝の読書の効果

◇算数などにも好影響

「朝、落ち着いて授業を始められるように」とスタートし、「子どもたちが読書好きになり、学力へも好影響があった」と語られることが多い朝の読書だが、効果を整理すると、どんなものがあるのか。

林公著『朝の読書　実践ガイドブック』には、以下の効果が挙げられている。

①本を読めない子が読めるようになった
②朝の十分間が有効に使えるようになった
③遅刻が減り、ＨＲ（ホームルーム）に集中し、授業にスムーズに入れる
④集中力が付き言語能力が伸びる
⑤生活のスタイルが変わる
⑥豊かな心と人間関係が育つ
⑦その子なりの成長、自信と誇り

6 朝の読書の効果

【小学校】朝の読書と授業理解度
「ほとんど分かる」「だいたい分かる」の合計（%）

朝読を…	よく実施	あまり実施せず
国語	78.8	69.8
社会	70.7	63.8
算数	75.4	68.8
理科	77.2	71.0

また、学力を高める効果を明らかにした調査報告もある。一つは、朝読書が広がりつつあった二〇〇五~〇六年、広島大学の山崎博敏教授（現在は兵庫大学高等教育研究センター教授）らが行った調査だ。山崎さんらは、四道県の小学五年生と中学二年生の児童生徒三三八四人を対象に、朝の読書をしているかを含めた学校や学級の状況を聞くと同時に、国語と算数・数学の簡単な試験を実施し、その偏差値の合計を一人ひとりの学力と位置付けた。

子どもの学力は、学校での授業態度や家庭での学習や生活の状況、学級規模や授業法などさまざまなことから影響を受ける。「授業中、大切だと思ったことはノートに書きとる」「学校の宿題はきちんとやる」「毎朝、朝食を食べる」といった要素は、他の調査などでも指摘されてきたが、小中学校ともに学力を高める効果がみられた。

「教師が一時間中説明し、児童生徒が聞く」という一方向的な授業を受けている子どもの学力は低く、「先生が子どもによく質問し、よく発表する授業」を受けている子どもの学力は高い傾向も表れた。前者は小学校、後者は中学校でその傾向が強かった。

朝の読書が学力を高める効果は小学校で大きく、国語だけでなく算数にも及び、中学校でも国語で影響が認められた。

また「あなたは授業がどのくらいわかりますか」という質問に、「ほとんど」「だいたい」分かると答えた児童の割合も、朝の読書をよく実施している小学校では、四教科いずれでも多かった。

◇地方で高い実施率

この時の調査は『学力を高める「朝の読書」』（メディアパル）と題した本にまとめられている。編著者の山崎さんは「朝の読書の実施率は地方が高く、都市部で低かった。この傾向は今も続いていると思う」と話す。

実際、二〇一九年一月現在でも、実施率が高い県は地方に多い。最も高いのは福井県で九一％。次いで佐賀県が九〇％。静岡県八九％、栃木県と岡山県、長崎県が八八％。東京都六一％、神奈川県六四％、大阪府六二％。愛知県は七二％だった（朝の読書推進協議会調べ）。

山崎さんらが調査したのは、政権が学力向上へ大きく舵《かじ》を切り間もないころだ。「経済協力開発機構（ＯＥＣＤ）による一五歳対象の調査（ＰＩＳＡ）で、日本の読解力が前回の八位から一四位に落ちた『ＰＩＳＡショック』などをきっかけに学力低下が叫ばれ、学力と朝の読書との関係も注目されていた」と山崎さんは言う。

「何もしなくても成績がいい子と、教師がある程度指導して成績が大きく変わる子がいる。学校の指導は中間層より下の成績の子に大きな影響がある。研究でも、家庭環境に恵まれない子や学力の低い子で、しかも低学年ほど指導法の影響は大きいとわかっている。本や新聞を読まない子が学校で読めるようになることはあり、朝の読書やＮＩＥ（教育に新聞を）には大きな意味がある」と山崎さんは話し、こう強調する。

「活字離れは進み、スマホを扱う時間が多く、文を読み書きする機会が少ない子は増えている。学校の勉強はいわば活字文化で、活字や文章を読み解くことは全ての基本。朝の読書は、ますます大事といえるだろう」

「朝の読書の実施率は地方で高かった」と話す山崎博敏・兵庫大学高等教育研究センター教授

山崎さんらが調査した後も、学力の背景の分析は進み、最近では生活・学習習慣や態度などに加え、幼少期に読み聞かせをしてもらった経験がある子や親の年収が高い子などが、学力が高い傾向があることが明らかになりつつある。

また二〇一八年六月にも、文部科学省が、「本や新聞に親しむことや規則正しい生活を促されている子は、親の収入や学歴が高くなくても好成績になる傾向がある」という分析結果を発表した。

◇学力への好影響を裏付け

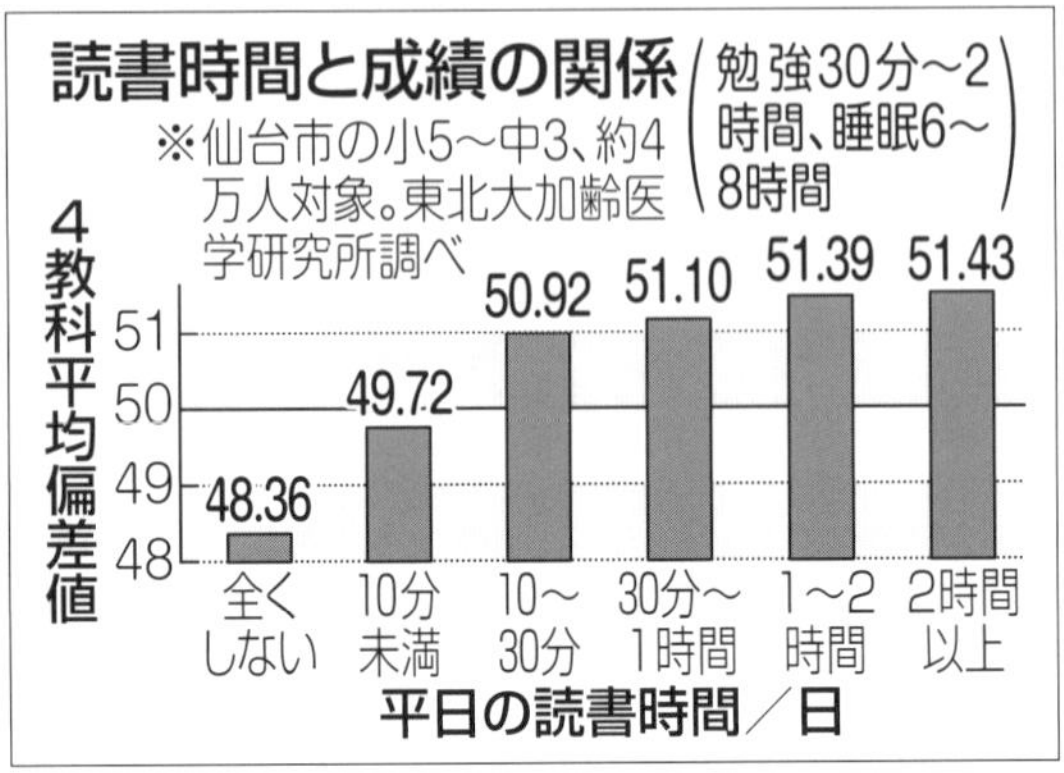

さらに近年、「本を読む」ことが脳や学力にどれほど好影響があるのかを、脳科学者で、東北大学（仙台市）加齢医学研究所所長の川島隆太さんらが、大規模な調査から明らかにした。

その結果を一般向けに詳述した『最新脳科学でついに出た結論「本の読み方」で学力は決まる』（川島隆太監修　松﨑泰・榊浩平著　青春出版社）も、二〇一八年九月に刊行された。

川島さんらの研究チームは二〇一〇年度から、仙台市の小中学生約七万人に生活や学習習慣などを問うアンケートを仙台市教育委員会と協力して行っている。

二〇一七年度には、小学五年～中学三年約四万人に、平日一日の読書時間と国語、算数・数学、理科、社会の平均偏差値の関係を調査した。

調査では、睡眠と勉強の時間の長さで三グループに分類。勉強が「三〇分～二時間」で、睡眠が「六～八時間」のグループでは、読書時間が長い子ほど平均偏差値が高かった（グラフ参照）。

教科別でも、算数・数学を除き、読書時間が長いほど、学力が高くなる傾向があった。

◇川島隆太さんに聞く

この調査結果について話を聞くため、東北大学加齢医学研究所へ川島隆太さんを訪ねた。川島さんはまず、調査結果が載った本のページを指し示し、「毎日一〇分以上読書する子は、家でほとんど、あるいは全く勉強しなくても、学校の授業を受けてちゃんと寝てさえいれば平均点を軽く超えるというデータなんです。逆に、読書しない子は家で勉強しても、成績に十分に表れてこないんです」と説明した。

ほかのグループでも、勉強が「二時間以上」の場合、読書を「全くしない」子の平均偏差値は五〇・四だが、読書「一〇分〜三〇分」の子は五三・六。勉強が「三〇分〜二時間」で読書が「一〇〜三〇分」は五一・三。勉強が「二時間以上」で読書しない子は、勉強がそれ以下の時間で本を読む子より、平均偏差値は低い結果となっている。

「朝の読書」に対する反対論の一つに、「読書の時間を勉強に充てるべきだ」という意見がある。しかし調査は、読書が学力向上に効果があることを科学的に裏付けた。

ただ、川島さんは「寝る時間を惜しんで読んじゃダメなんです。睡眠時間をちゃんと確保することが前提なんです」と、くぎを刺す。一日の読書時間と平均偏差値だけをみると、読書二時間以上の子は、二時間以内の子より平均偏差値が低い。読書時間によって勉強や睡眠時間が削られていることが悪影響を及ぼしていると示唆《しさ》された。

東北大学加齢医学研究所所長の川島隆太さん

同じ調査で、睡眠時間が「五時間未満」のグループは、読書を「一時間以上」し、勉強も「三時間以上」していても、偏差値は四四・一で、「成績下位層」に沈んでいるという結果も出ている。

朝の読書で学校内が「落ち着いた」という声が出ていることへの科学的根拠については、川島さんは、「読書が『脳の前頭葉の発達を促す』ことの影響だろう」と語った。川島さんらの研究チームが黙読中の脳をＭＲＩ（磁気共鳴画像装置）で撮影すると、物を見たり、文字を理解したりする場所だけでなく、前頭葉《ぜんとうよう》の「前頭前野《ぜんや》」も働いていた。前頭前野は理解や状況判断、抑制など人間らしい合理的な判断をする場所だ。

また、しゃべっている言葉を理解する側頭葉《そくとうよう》の「ウェルニッケ野」や、言葉を作り出す「ブローカ野」も働いていた。落ち着きは、「読書による言語能力の発達が日常生活への適応を高めるため」とも考えられるという。

五歳〜一八歳の読書習慣が強い子どもを三年間追跡し、脳の形態を調べた調査でも、言語能力に関する領域の神経に脳内の情報伝達を効率的にする形状へと変化がみられた。朝の読書の実施校では「読解力がついた」「漢字が読めるようになった」という子も多い。

「僕らからすると、当たり前。脳を通して考えると、そういう事象は全部、つながりますよね」

こうした読書と学力や脳との関係は、川島さんが子ども向けに書いた近著『読書がたくましい脳をつくる』（くもん出版）にも詳しい。同書は、スマホを長時間使う習慣が成績や子どもの脳の発達に悪影響があることを示す研究結果にも触れている。子ども向けに書いたのは「ベネフィット（利益）があることや、リスク（危険）は何かを自分で知った上で行動を選択してもらいたい」からだという。

川島さんは、朝の読書については「今の中高生は余暇のほとんどをスマホなどをいじる時間に費やし、家庭で本を読まない。でも、読書は脳に明らかに有意義だと分かっている。どこかで時間をつくってあげる必要はあり、それを学校でつくることは極めて重要。読書はすべての学力の基本であり、一〇分でも一五分でも、読書の時間があるかどうかで脳の発達と学力に雲泥の差が出るのですから」と語る。

また「読書は強制するものではない」という朝の読書への反論については、「読書は、子どもの脳発達に有意義であるというエビデンス（科学的根拠）がある。

6 朝の読書の効果

それを知った上で、同じことを言えるか、どうか」と問いかけ、「私は教育の一環として、強制してでもやるべきだと思います」「文章が読めないと数学の文章題もできない。『読書力』はすべての学力、人生の基本ですから」とも話した。

また、本好きな子どもに育てるために、「就学前に家庭で読み聞かせをし、子どもを本に親しませることが大切」だとも言い添えた。

7

小学校で——袖ケ浦市立奈良輪小学校の場合

◇ボランティアが一役

東京湾に臨み、京葉工業地域の工場群がある千葉県袖ケ浦市《そでがうら》も、読書推進に力を入れてきた自治体の一つだ。

袖ヶ浦市の北部、静かな住宅地の一角にある市立奈良輪小学校では毎朝八時〇五分から、一〇分間の朝の読書を実施している。その時間に月に数回、地域の読み聞かせボランティアグループ「奈良輪らッキー隊」が訪ね、教室で本や紙芝居の読み聞かせをしている。

暑さが厳しい七月の朝、同校を訪ねた。午前八時すぎ。一年生の教室では、子どもたちが机と椅子を後ろに運び、空いた床に、膝を抱えて座っていた。

そこへ「おはようございまーす、よろしくお願いしまーす」とあいさつをしながら、隊メンバーの信田《しのだ》夕美子さんが入っていく。子どもたちも「おはようございまーす!」と、元気に返す。

信田さんが椅子に座り、絵本『いいからいいから』（長谷川義史・作　絵本館）

7 小学校で――袖ヶ浦市立奈良輪小学校の場合

の表紙を見せて「じゃあいくよ～」「読める～？」と話し掛けると、子どもたちは「いいから、いいから～！」と、声をそろえて答えた。

「そう、『いいからいいから』」。信田さんはうなずくと、読み聞かせを始めた。

「あるひのゆうがた。／かみなりがゴロゴロなった。」……。

突然やってきたカミナリの親子を、おじいちゃんがもてなして始まる物語だ。

「いいから、いいから。せっかくきてくださったんじゃ。ゆっくりしてくださいい」

おじいちゃんの台詞のところで、信田さんの声は低く、ゆっくりに。子どもたちは絵本をじっと見つめて、聞き入っていた。

絵本『いいからいいから』の読み聞かせを、子どもたちは楽しそうに聞いていた

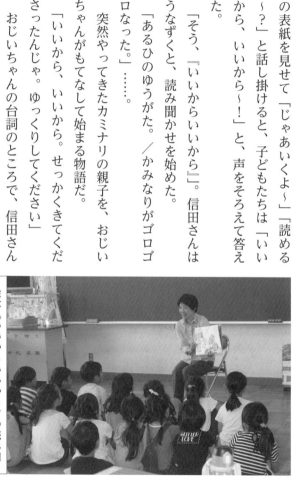

四年生の教室では、机の上に紙芝居を置き、その前に隊メンバーの高梨安代さんと黒津正美さんが並んで座って読み聞かせをしていた。紙芝居は、宮沢賢治の『注文の多い料理店』。こちらも登場人物ごとに声色を巧みに使い分け、子どもたちは静かに聞いている。

「ほかの教室では朝の読書をしています」

磯部正史教頭（49歳）から説明を受けて隣の教室をのぞくと、子どもたちと先生が机の上に本を置き、黙々と読んでいた。

7 小学校で——袖ヶ浦市立奈良輪小学校の場合

◆本の世界を多くの子に

「奈良輪らッキー隊」の活動について、奈良輪小学校の若林洋子校長（58歳）は「明るくやっていただいて、子どもたちはらッキー隊の皆さんが来るのをすごく楽しみにしています」と話す。

読み聞かせは「一回に一クラスか二クラスが基本」（磯部正史教頭）で、一年生から六年生までの全クラスを順番に回っている。同校の児童数は四〇三人。一年生は三クラス、それ以外の学年は二クラスで、秋の読書週間の集会や卒業式といった季節行事の際にも、らッキー隊は、分担しながら朗読する「お話会」などをするという。

らッキー隊の発足は、二〇〇二年三月。隊の代表で、当時PTAの会長だった岩本尚喜さん（54歳）と役員の保護者が任期を終え、「この先も学校のためにできることはないか」と、地域の人も誘って結成した。当初は八人だったが、現在は近隣の市からもメンバーが加わり、一一人で活動している。

奈良輪小学校の校歌には一番に「なかよし」、二番に「らッキー」、三番に「わきたつ」の繰り返しがある。この最初の文字を並べると「ならわ」となるように、二番の「らッキー」は、一文字目が平仮名になっている。グループ名は、ここから取った。

メンバーのひとりの高梨安代さんは、「この学校では先生たちが読書教育に一生懸命で、ほとんどの子は本を読むのが当たり前になっているので、私たちも違和感なく入っていける」と話す。

高梨さんは、隊の結成当初から参加してい

「注文の多い料理店」の紙芝居を読む奈良輪らッキー隊のメンバー

る。

「何かボランティアをやろうという時、メンバーが国語力を大事に考えていて、その力を子どもに付けるには本を読む習慣が必要なんじゃないか、とこの活動が始まった。本が好きな子は、何も提案しなくても図書室に行く。私たちは、本よりサッカーやドッジボールが好きな子が、『え、何？　本って面白いんじゃない？』と、本の世界の扉を開ける手助けをしたい」

このため、抑揚を付けたり質問を投げ掛けたり、面白いと思わせる工夫をしながら読んでいるという。

◇大人も引き込む仕掛け

同じくらッキー隊メンバーの八木朝美《ともみ》さんは、「隊員はみんな本が好きで、読み聞かせの本はそれぞれが選んでいます。私は図書館で季節感のあるものや、運動会とか田植えなど、各学年の行事に合ったものを探してますが、自分の本を持ってきている人もいると思います」と話す。

露崎《つゆさき》景子さんは「ずっと仕事をしてきて、定年退職後は子どもに関係することをしたいと思っていた」といい、袖ヶ浦市の読み聞かせボランティア講習を受けたところに、友人である隊のメンバーから声を掛けられ、参加した。

また、黒津正美さんは「大人のための絵本って多い。自分で読みたいのと子どもに読んであげたいのがありますね」と話す。

絵本を人にプレゼントすることも多く、よく選ぶのは『としょかんライオン』(ミシェル・ヌードセン著　岩崎書店)。「絵がきれいだし、こういう愛あふれた図書館があったらいいな、って思って」

7 小学校で――袖ヶ浦市立奈良輪小学校の場合

らッキー隊は袖ヶ浦市内外のほかの小中学校でも活動をしている。「本に親しみを持ってもらえるように」大人向け公演もしている。

二〇一八年七月にも市民会館で公演し、尾崎紅葉の『金色夜叉《こんじきやしゃ》』や上田秋成《しゅうせい》が著した『雨月物語』の一編「吉備津の釜」、よく知られた昔話『ももたろう』などを、場面に応じた音楽を流しながら交代で朗読した。こうしたやり方を、造語で「奏話《そうわ》」と呼んでいる。

「子どもには、心の中に本の世界を自由に思い描けるようにあまり音楽は入れません。大人向けに入れるのは、同じ音楽を聴いた時に物語を思い出してもらい、本を手に取る回数が増えるように、という仕掛け」と、隊代

分担して朗読する群読に、音楽を取り入れた「奏話」を披露した奈良輪らッキー隊の公演

表の岩本尚喜さんは話す。

らッキー隊は二〇一八年春、子どもの読書活動推進のために優れた取り組みをしている団体などを対象にした文部科学大臣表彰を受け、七月の公演はその記念公演となった。

一〇〇人近く入る会場には、お年寄りや親子連れ、奈良輪小の先生らが訪れていた。「好きなんでしょうねぇ。こうして続けてるってことは」。会場の片隅で、黒津さんは相好を崩して言った。

8

ネットワークづくり

静寂と集中
朝の読書30年

◇学校間で本を貸し借り

千葉県袖ヶ浦市では行政側も、読書教育の推進に早くから力を入れてきた。その特徴は、学校図書館を取り巻く「人」「もの」「情報」のネットワークを構築してきたことだ。

袖ヶ浦市が読書教育の充実を教育の重点施策にしたのは、市制が施行された一九九一年度から。現在、人口約六万三千人の同市には、小学校は分校一校を含めて八校、中学校は五校あるが、一校当たり七〇万～一〇〇万円の図書購入費を配分し、蔵書を電算化して図書管理システムを整えた。

「ところが、貸出冊数が思ったほど伸びなかったんですね」と、袖ヶ浦市教育委員会の庄司三喜夫学校教育課長は話す。

そこで、「人」のネットワークを整備することに力を注いだ。一九九五年、「人のいる温かい学校図書館」を目指し、学校司書に当たる読書指導員をまず小学校三校に配置した。翌九六年、小学校全校に、九九年には全中学校に配置。読書指導員は司書教諭と連携しながら図書館運営などをしてきた。

さらに進めたのは「もの」のネットワークづくりだ。その中心は、九七年度から活用されている小学校間の「図書流通システム」。図書をそれぞれの学校間で相互に貸し借りし、各中学校区に一館あって、合計約五七万冊の蔵書がある公共図書館からも借りられる、本の物流システムだ。

袖ヶ浦市の学校図書館の蔵書は小学校で一校平均一万三百九九冊、中学校で同一万一千四八六冊と充実している（二〇一七年度）。ただ「調べ学習をしたりする時は本が圧倒的に足りない」（庄司学校教育課長）といい、「少ない本を共有して使おう」と始まった。

読書指導員はインターネット上の「貸借希望フォーム」と「図書掲示板」を使い、公共図書館やほかの学校へ必要な本をリクエストする。週一回、委託業者が車で学校間を往復巡回し、本を運んで届ける仕組みだ。

最も利用が多かった二〇〇三年度には、年間約五万冊の本が移動した。各学校の蔵書が増えた現在は、年間約一万五千冊が流通している。

◇博物館と教室をつなぐ

袖ヶ浦市が、「人」「もの」のネットワークづくりに続けて進めたのが、「情報」のネットワークづくりだ。学校図書館の「学習情報センター」化を一九九八年度から進め、それぞれの学校図書館にその機能を持たせるために、コピーやインターネット検索用のパソコン、ファクス付き電話などの必要機器をそろえた。

二〇〇四年には、郷土博物館の所蔵資料も「図書流通システム」を使って学校に運び授業で使えるようにし、「昔の暮らしや遊び、戦争などに関する資料を図書と一緒に回し、総合的な学習の支援ができるようになった」（教育委員会の庄司三喜夫学校教育課長）が、二〇〇五年には「学校図書館支援センター」を設立した。このセンターが図書や、こうした博物館資料の流通のコーディネートなどをするようになった。

一方で袖ヶ浦市は、児童や生徒が図書館を活用して不思議に感じたことを追究する、「調べ学習」にも力を入れてきた。

調べ学習推進のため、毎年、全国規模で「図書館を使った調べる学習コンクール」が開かれているが、二〇〇〇年度から、市内の小中学校の児童生徒を対象にした独自の地域コンクールを開催した。翌年には、調べ方やまとめ方を手ほどきし、コピーして配るなどして授業で使える、「学び方ガイド」も作成した。成果は着実に表れ、全国コンクールでも、毎年、袖ヶ浦市の児童生徒からの出品と入賞者数は多い。

「学校での読書推進活動の中心になっているのは、読書指導員と司書教諭。袖ヶ浦市の指導員のスキルは非常に高いですね」と、庄司課長は言う。

袖ヶ浦市立奈良輪小学校の廊下に掲示された、調べ学習の仕方をわかりやすく解説した掲示

朝の読書の時間がある学校も多い。

「朝の読書はかつて大きなうねりになり日本中に広まり、袖ヶ浦市でも全校で週五日、やっていた」と、庄司課長は経過を振り返って話す。

「しかし、学校は世の流れの影響を受けるもので、その後、国際比較調査の結果から学力低下論争が起き、基礎学力に力を入れる流れになってドリルタイムなどに変わっていった。最近では毎日、朝の読書をしている学校は珍しいと思います」

9

公共図書館の協力

◇県内小中校に貸し出し

朝の読書のために、学校へ本を貸し出している公共図書館がある。その一つ、前橋市にある群馬県立図書館では、絵本や児童書、小説などの蔵書から、子どもたちが好きそうな本や、読んでほしい本を選んで「朝の読書推進図書セット」としてまとめ、群馬県内の小中学校へ貸し出している。

各学校には、二月から九月までの前期と九月から翌年二月までの後期に分け、四〇冊ずつ詰めた箱を六箱ずつ提供する。一つの学校が年間に借りる本の数は、計四八〇冊になる。毎年一二月に申し込みを受け付け、二〇一八年度は小学校二二校、中学校五校に「図書セット」を提供した。

開始は二〇〇四年度から。

「朝の読書の効果が広まり『授業前の一〇分ぐらいの時間に読書に親しませることで、勉強や学校生活も落ち着いて始められる』と言われ始めたころで、『県立図書館でも学校に役立つ支援ができたら』と始まった」と、群馬県立図書館指導主事の早川留美子さんは説明する。

選書担当者には「短時間で読みやすいものを」「なるべく物語を中心に」などの注意事項が引き継がれてきたといい、現在、選書をしている早川さんも「図鑑や漫画は選ばないようにしていますが、読み応えがあり、知識が増える科学読み物は、少し入れるようにしています」と話す。

「ここにあるのが、箱に詰められるのを待っている本たちなんです」と、早川さんは朝読書用の図書を収めた館内の書棚を案内してくれた。

小学高学年や中学生向けに選書された本の棚には、今年購入したという「ちくま評伝シリーズ」が

朝の読書用の本は、箱に詰められて学校に貸し出される

並んでいる。中には『ドラえもん』などの作品で知られる漫画家の藤子・F・不二雄さんや、米実業家のスティーブ・ジョブズさん、『アンパンマン』の生みの親で漫画家のやなせたかしさんらの評伝も入っていた。

また原田マハさんの『リーチ先生』（集英社）などの小説のほか、『宇宙のひみつ』（学研）や『10代のための仕事図鑑』（大泉書店）『中高生からの選挙入門』（ぺりかん社）といった、勉強や社会に対する関心や思索を広げてくれそうな本もあった。

新刊も購入し入れ替え

群馬県立図書館が「朝の読書推進図書セット」として学校へ貸し出す本は、年に数回購入する新刊を加え、古くなった本を除くなどして入れ替えている。小学生向けの図書を収めた棚には、新たに購入された『はじめてであう絵画の本』シリーズ（あすなろ書房）や落語絵本なども並んでいた。

子どもに読んでほしい本と、子どもが好きそうな本。朝の読書用の図書には、その両方を入れているという。選書している同図書館指導主事の早川留美子さんは、次のように話す。

「現場の先生や司書の方たちと話題になるのは、『こちらが読ませたいと思っている本を、子どもたちが必ずしも好んで読むとは限らない』ということ。私たちが読ませたい本は、きちんと読めば必ず心をとらえてくれる良い本だから提供したいけれど、子どもたちは面白おかしいものや、ちょっと怖いものが好きなんだと思います」

星新一さんのショートショート・シリーズや、新美南吉《にいみなんきち》や松谷みよ子、灰谷健次郎《はいたにけんじろう》さんらによる童話や児童文学の名作も選書に入れてあり、これらは「読んでほしい」本だという。

「こういう、ちょっと傷んでるのは、古いけれど、多分、子どもに人気なんです」と言って早川さんが指さしたのは、背表紙の上の方が擦り切れてよれよれになった『恐怖の放課後』シリーズ（山口理《おさむ》著　いかだ社）。これらが「子どもが好きそうな」本で、古びていても図書セットに入れる物として残している。「子どもって、そういう怖いのが好きですよね」と、一緒に案内してくれた地域協力係長の松永俊夫さんもうなずいた。

本を借りた学校に、この図書セットについて二〇一四年度に聞いたアンケートでは、「学校にある本だけだと読み切った児童があきてしまうが、新しい本に入れ替わると興味が高まる」「いろいろな種類の本が入っていて子どもたちもじっくり読み込む姿があり、とても役立っています」「子どもたちの読書の幅が広がりました」など、学校図書館や学級文庫にない本が学校に届くことを歓迎する声が多かった。

「毎回、どんな本が入っているか楽しみにしている子どもたちも多い」という声もあった。

朝の読書用に選定され、箱詰めされて学校に貸し出されるのを待つ図書の棚（前橋市の群馬県立図書館）

10 書店とともに

◆店頭に「先生のおすすめ本」

朝の読書をしている上に、読書推進に実績のある学校に贈られる「朝の読書大賞」という賞がある。

東京出版販売株式会社（現・株式会社トーハン）の第四代社長だった高橋松之助氏の意思を体して、トーハンの株式を基金として創設、運営されている公益財団法人高橋松之助顕彰《けんしょう》財団が贈呈している。

二〇一八年夏、千葉県の県立八千代西高校が「朝の読書大賞」を前年に受賞したのがきっかけとなって、千葉県を走る東葉高速線・村上駅前のスーパー三階にある八重洲ブックセンターイトーヨーカドー八千代店で、「八千代市内の高校の先生おすすめ本フェア」が開催された。七月一一日から九月九日までほぼ二か月にわたって行われた、そのフェアの現場を訪ねた。

同店には、お年寄りから子どもまで、地域の人が訪れていた。そんな店内の一角に、フェアを案内する看板やポスターがつるされたコーナーがある。書棚には、市内に六校ある高校の先生のお薦め本を陳列。それぞれの本には、先生による推薦文が書かれたポップが添えられていた。その六校とは、千葉県立の八千代高校と八千代東高校と八千代西高校、そして私立の千葉英和高校と八千代松陰高校と秀明八千代高校だ。

　八千代西高校は千葉県の県立高校では最も早く、二〇〇一年四月から朝の読書を開始した。教員が本を紹介する冊子「八千代西高の先生おすすめ本50冊」を作成するな

「八千代市内の高校の先生おすすめ本フェア」の売り場

ど、読書に対する活発な取り組みをしている。「朝の読書大賞」は、そうした活動が評価されて受賞した。その授賞式の会場で、同校学校司書の齋藤洋子さんと、八千代市に支店を持つ八重洲ブックセンター社長の山﨑厚男さんが「一緒に何かできないか」と話したのが、フェア開催のきっかけだった。

初めは「おすすめ本50冊」の推薦文をポップにして書店に飾る案も出たが、「せっかくだから」とほかの高校にも声をかけ、市内にあるすべての高校から先生のお薦め本と、その推薦文を出してもらうことになったという。

合計一五〇点のお薦め本が挙がったが、複数の先生が推薦した本や在庫切れの本もあり、フェアの売り場には小説から新書、ノンフィクションまで幅広いジャンルの約一四〇点が並んだ。さらに、フェアを記念して作った「八千代市内の高校の先生おすすめ本一五〇冊」の小冊子も置いた。

また、それぞれの高校でブックカバーのイラスト募集をして校内選考された絵に、協賛した出版社の広告が入った六種のオリジナル文庫カバーも作製した。フェアの対象本を購入した人にプレゼントされた。

推薦が重なる本も

「ポップが二枚連なっているのは、別々の先生の推薦がたまたま重なったものなんです」と、八重洲ブックセンターの森文吾営業部長は説明した。複数の先生が推薦したのは、百田《ひゃくた》尚樹『永遠の0』(講談社)や、渡辺和子『置かれた場所で咲きなさい』(幻冬舎)、また池井戸潤『下町ロケット』(小学館)や小川糸《いと》『ツバキ文具店』(幻冬舎)、さらに原田マハ『本日は、お日柄もよく』(徳間書店)や水野敬也『夢をかなえるゾウ』(飛鳥新社)などだ。

中でも『本日は、お日柄もよく』は、最も多い三人が挙げた。そのひとり、八千代西高校の体育の先生は、〈この作品は、主人公の女性がスピーチライターとの出会いをきっかけに、その世界に飛び込み、やりがいを見つけ、仕事に奮闘する話です。言葉の素晴らしさ、言葉の可能性、言葉という物を改めて深く考えさせられ、何度も目頭を熱くさせられました〉とつづる。

また、八千代東高の国語の先生は、〈言葉は、人を動かし、世界を動かす力を持つものです。しかし、それには、正しさや善良さ、人に対する温かい思いやりが伴わなければならないと思わせる本です〉と書いた。

自身を投影した推薦文もあった。小熊英二『生きて帰ってきた男　ある日本兵の戦争と戦後』（岩波書店）を推薦した八千代高校の地歴公民の先生は、〈かつての軍国少年で、今は亡き自分の父親のことを想いながら、一気に読んだ。父の墓碑銘は「平和」です。故人の強い希望でした〉とつづった。

また同じ八千代高校の芸術の先生は、岡本太郎『今日の芸術　時代を創造するものは誰か』（光文社）を〈大学四年の頃、書道の卒

同じカバーとポップが並んでいるのは、複数の先生が推薦した本だ

業制作に行き詰まり、筆を動かすことのできなかった私は、偶然立ち寄った古書店で目にしたこの本に救われた経験を持っています〉と書く。

丸山宗利《むねとし》『昆虫はすごい』（光文社）を挙げた八千代松陰高校の化学の先生の〈昆虫のすごさ巧みさを実感する一冊〉、辻仁成《ひとなり》『サヨナライツカ』（幻冬舎）を薦める八千代西高校理科の先生の〈私も読むたびに泣いています〉など、感動を率直に伝える推薦文もあった。

◇乱読で思わぬ出会い

「私はこの本を選んだんです」。八重洲ブックセンターイトーヨーカドー八千代店の店頭で、八千代西高校学校司書の齋藤洋子さんは、外山滋比古『乱読のセレンディピティ』（扶桑社）を手に取って言った。

齋藤さんは、「おすすめ本フェア」で、八千代市内六校の高校の先生からお薦め本とその推薦文を寄せてもらう取りまとめ役を担った。『乱読のセレンディピティ』は「乱読を続けることで自分にぴったりな本が見つかりますよ。今は見つからないあなたも、諦めないで読んでみて」という思いで選んだという。

〈図書館や書店で、探していなかった本に心惹かれ、読み始めてしまう経験はありませんか？　そんな時出会った本から、思いがけない発見があったりして。そうそれが〝セレンディピティ〟です〉。本に添えられたポップは、そんな書き出しでこの本を薦めている。

「八千代西高の先生おすすめ本50冊」の冊子は、「全ての先生にお薦め本を紹介してもらおう」と作成したものだった。

「それまでも図書だよりに載せてはいたんですが、紙面の都合で一度に全ての先生に書いていただくことはできなかったので」と齋藤さんは説明する。

冊子で、齋藤さんは、がんと告知された千葉県の男子高校生が残された日々をつづった、西田英史『ではまた明日』（草思社）と、戦時下の混乱を生きる双子の少年の姿が描かれた、アゴタ・クリストフ『悪童日記』（早川書房）を挙げた。

『悪童日記』は、自身がワクワクしながら読んだ思い出のある作品で「生きることに貪欲な彼らの姿に気付かされることがあるはず」と薦めている。

自ら推薦した『乱読のセレンディピティ』を手にする齋藤洋子さん（千葉県八千代市内）

フェアでは、県立八千代高校の家庭科の先生も、『悪童日記』を推薦した。〈戦争中の暗く醜く不条理な世界が「ぼくら」の目を通して無駄のない文章とともに淡々と伝わってきます〉などと書かれたポップとともに棚に並んだ。

11

再び高校で——千葉県立八千代西高校の場合

◇先生らで「朝読書委員会」

八千代西高校（大窪晋校長、生徒数約五五〇人）の朝の読書は、毎日、午前八時三五分から一〇分間、行われている。二〇〇一年四月から始まり、二〇年近く続いている。

同校では当初から、各学年の代表の先生と学校司書で「朝読書委員会」をつくり、朝の読書を継続してきた。

「続けてこられたのは朝読委員会があったことが大きいと思います。担当の先生が代わったらやらなくなってしまう学校もあるので」と、同校学校司書の齋藤洋子さんは話す。

八千代西高校を訪ね、朝読書委員会（委員長・長谷川強教諭）の実際を見せてもらった。

一二月の平日の午後四時。学校図書館に先生たちが集まり、話し合いを始めた。議題は、朝の読書の様子や、一・三年生が既に実施し二年生は年明けに控えたビ

11 再び高校で――千葉県立八千代西高校の場合

ブリオバトル（書評合戦）の成果の報告など。「生徒が本の良さを何とか伝えようとしている姿に正直、感動しました」といった感想などが語られた。

二〇〇一年四月に始まった「朝の読書」の準備段階で組織された「朝読書推進委員会」が、開始後「朝読書委員会」に改称。各学年の代表の教師二人に学校司書が加わり、原則七人がほぼ一か月半に一度集まって、朝の読書を中心とした読書推進活動について話し合う。

朝の読書導入時に、「読書は個人が自由にするものだ」といった反対意見が出る学校は多く、同校もそうだった。

学校司書の齋藤洋子さんは、「趣味と教育

先生たちでつくり、朝の読書の進め方を考える「朝読書委員会」（千葉県立八千代西高校図書館）

活動の読書は違う。そうした説得をするのに一人や二人の先生の頑張りでは難しいし、その先生が異動したら終わってしまう。委員会があることで四月に朝の読書を『やるかどうか』ではなく、『やる』ところから読書推進活動が動き始める」と、朝読書委員会の存在意義を語る。

◇努力と工夫の積み重ね

ただ、齋藤さんが着任した二〇一一年には、朝の読書の時間に「生徒が本を持っていない、前を向いていない、寝ている、しゃべっている……」と、課題もあったという。

そうした状況を変えるため、まず試みたのは、「魅力的な本を用意する」ことだった。保護者会費でエッセーや短編などの本を古書店で購入した。各教室に置いて年五回、入れ替えた。それまでも教室に本はあったが、「絵本や内容が古くて汚れた本が多かった」と齋藤さんは話す。

また、朝の読書の時間に先生も本を読んでいるが、後ろの席の方で寝ていたり、しゃべっていたりする生徒には、齋藤さんが教室を巡回して静かに注意した。

本を持っていない子や退屈そうにしている子には、プラスチックの小箱に入れた文庫本を差し出す。「どんぐり文庫」と名付け、教師や生徒から読み終えて提供された本の中から、すでに図書館にある本を集めた。どんぐりのように、興味のない人にはいらないものでも、気に入った人には「宝物」になる、という意味が込められている。

私が訪ねた日には、どんぐり文庫の小箱には、『最後の恋　つまり、自分史上最高の恋』(阿川佐和子ほか著　新潮社)『デッドエンドの思い出』(吉本ばなな著　文藝春秋)『笑う招き猫』(山本幸久著　集英社)などが入っていた。それぞれの本には「この本は『どんぐり文庫』です。気に入ったら、持って帰っても大丈夫。いらなくなったら図書館前の箱にいれておいてください」と書かれた紙が挟まっている。

さらに、私語などをしない環境を整えるため、BGMにクラシック音楽も流している。

朝、教室で読書をする八千代西高校の生徒たち

11 再び高校で――千葉県立八千代西高校の場合

朝の読書の時間は登校後、ホームルームに続けて、時間が来たら始まる。チャイムなどは鳴らず、始まりが分かりにくかったが、音楽が流れることが合図になった。「癒《い》やしの効果もあり、廊下をパタパタ歩くなどの生活音を消すことにもなって、思った以上に好評」だという。ただ読書中に音楽を流すことには賛否があり、現在は、ほんのり聞こえる程度の静かな音量で流れている。

こうした努力と工夫を重ねた末、生徒たちは本を手にして朝の読書に向かうようになった。近隣の老人ホームや特別支援学校、小学校や保育園などに出向いて「読書交流会」をするなど、活動は地域にも広がりつつある。

毎年、実施している朝の読書に対する生徒へのアンケートでは、「集中力」や「想像力」、「読解力」「語彙力」がついた、といった感想のほかに、「字が読めるようになった」という声が思いのほか目立つ。

小中学校ですべての子が活字に対する基本的な力を身につけられるのが本来の教育のあり方だろうが、そうではない場合もあり、朝の読書が「セーフティーネット」(安全網)になっている側面も、垣間見る気がした。

◆朝読書委員会メンバーの声

先生方は、朝の読書の時間にどんな感想を持っているのだろうか？

八千代西高校の朝読書委員会メンバーである新倉裕子先生（二年副担任、音楽）は、「朝のＳＨＲ（ショートホームルーム）後の朝読書の一〇分間は、明るく一日のスタートを切れるようなゆとりの時間だと感じています。忙しい毎日、時間的なゆとりがなくても、朝の読書の時間だけは諸々のことを忘れ活字に触れることができる幸せな時間です。もちろん、生徒の様子を観察し、読書を促しながらですが。生徒には一日が始まる朝、集中して活字に触れ、読みたい本を手に取って、心の豊かさを養ってほしいと願っています」と、実感のこもった感想を打ち明けた。

また高橋英彦先生（一年副担任、保健体育）は、「まず生徒の心を落ち着かせる時間ととらえています。一日の始まりにあたり、朝のＳＨＲで大切な連絡事項を聞かせる態勢づくりにはとても有効な時間です。活字離れが進む今日、少しでも本を読むことの楽しさを感じてもらえれば素晴らしいこと」という。

　真田陽子先生（三年担任、国語）は「朝の静かなひと時を持つことで、生徒の気持ちが落ち着くような気がします。好きな本と出会うことはもちろんですが、普段と違う静かな空気感を味わえる貴重な時間」といい、藤沢真理子先生は（一年担任、地歴公民）「静かな環境で本を開くのが当たり前な毎日が嬉しいです。読んでいない生徒ももちろんいますが、私も読みたい本を読める時間なので、あまり強くは言わず一〇分を楽しんでいます」と感想を語る。

　また、朝読委員長の長谷川強先生（二年副担任、数学）は、「朝読の時間は当初、生徒指導的な意味合いが強く、落ち着いた環境で授業に取り組ませるためのものであった。歴代の先生方が大変なご苦労であったと思うが、真摯に取り組んできたおかげで朝読書が成長してきた」という。

　学校司書の齋藤洋子さんは、「高校生が本を読む姿を見る機会が少なくなりました。勉強のため、資料収集のために活字を追うことも必要です。でも『もっと自由で楽しく、心動かされる読書を一〇代のうちに体験してほしい』という思いが常にあります。心が動けば体も動くはず。生徒が大人と本を通して語り合い、多くの悩みを解決し、知識や喜びを与えてくれる、そんな力が本にはあります。今後も学校だからできることにこだわりながら、『本がそばにある生活』を送る若者を育てていきたいです」と、生徒と本を近づけようと尽力する胸中を語った。

12

翻訳家
金原瑞人さん
に聞く

◆本で人生面白くなる

三〇周年を迎えた朝の読書の歩みを振り返りながら、現場のさまざまな取り組みを紹介してきた今回の取材では、小中学生や高校生に本と親しんでもらおうと活動する多くの人に出会った。中高生向けの読書ガイドの監修や海外小説の翻訳などを多く手がけている翻訳家の金原瑞人《かねはらみずひと》さん（63歳）も、そんなひとりだ。金原さんに、読書や、子どもと本の世界について聞いた。

金原さんが監修した『12歳からの読書案内』（すばる舎）は、書店員や翻訳家、歌人、編集者ら各界の「本好き」が、ヤングアダルトと呼ばれる世代の中高生に読んでほしい小説やファンタジー、ノンフィクションなどを挙げた本だ。児童文学作家のひこ・田中さんと監修した『今すぐ読みたい！ 10代のためのYAブックガイド150！』（ポプラ社）も同様で、いずれもシリーズで刊行されている。翻訳も中高生向けや児童書を中心に四〇〇点を超え、最近では米作家フィリップ・フーズの『ナチスに挑戦した少年たち』（小学館）などを出した。

12 翻訳家 金原瑞人さんに聞く

若い世代に本を薦めるのは、なぜか。

「本があって、音楽があって、美術があって……。どれも僕は好きで、好きだから読む、聞く、見る。本だけが特別大切なわけではなくて、どれも大切。自分が好きかどうかって、とても大きいと思うんですよ」と金原さんは話す。

音楽や美術を楽しむのと同じように、自分自身が本が好き。その上で「本好きな人が増えてくれるといいなという気持ちで翻訳もしてるし、本も紹介している」という。

「『この人は絶対本好きになるだろう』っていう人が一生、本の面白さを知らずに死んでしまう、それはもったいないと思う

読書体験について話す翻訳家の金原瑞人さん。「本を読むことで、人と自分との想像がいかに違うかを認識できる」と話す

から、そういう人のために」

大好きで夢中になれるものがあれば、人生は面白くなる。

「音楽だったり美術だったりスポーツだったり本だったり……どれでもいい。一生のうちにどれか一つ、本当に好きになって、新しい作品を読んだり聞いたりする娯楽があれば、人生はまったく違って、面白く、豊かなものになると思うんですよね」

12 翻訳家 金原瑞人さんに聞く

読み手次第の自分の世界

本だけでなく音楽でも美術でもスポーツでも「何か夢中になれるものがあれば、人生は面白いものになる」という金原瑞人さん。

「音楽に心打たれたり、好きな絵の前でボーッとしたり。何かを想像するのか体を委ねるのか、聞き方や見方はいろいろあると思うんですけれど」

ただ、本はそうした娯楽の中でも「ちょっとハードルが高い」と話す。

「音楽や美術は聞いて、見て『いいな』と感じる。でも本は文字で、記号ですから、一つひとつの単語が何を意味していて、その文が何を言いたいのか。想像しなくちゃいけない。でも、こう読むんだってわかってくると、もうそれは自分の世界。音楽や美術は、それぞれの人に聞こえている曲、見ている絵は、多少は違ってもおそらく同じでしょうが、本の場合は、読んで頭の中に想像する主人公や情景は人によって違うと思うんです」

そこに、本を読む醍醐味があるという。

「音楽や絵について好きな者同士で話し合っても、話はあまり広がっていかない。例えば『リンゴの絵がこういう色で塗られていてどう思うか』で終わるけれど、本の場合は『そもそものリンゴって大きさはどのぐらい？』『色合いは何だっけ？』っていうところから話ができる。読む人によってずいぶん違い、人の想像と自分の想像がいかに違うかと認識できるし、そうするといろんな人のことも考え、それを言葉で表現するようになる。本は人間の持つ想像力と多様性の面白さを教えてくれる」

朝の読書は、広がり始めたころに学校や図書館の講演に招かれて意見を聞かれたといい、「そうした時間を持つことで（生徒たちが）『あ、オレ本好きだったんだ』と思えるのはとてもいいこと。本が身近にあることや、朝、一〇分だけでも落ち着いて自分の世界に浸っていられるのも、いいことだと思います」

教師たちから「一緒に読むので読書の時間が持てるのがとてもいい。考えてみれば、自分があまり本を読んでいないと気づいた」という声を、よく聞いたという。

12 翻訳家 金原瑞人さん に聞く

◇大人の本と決めつけず

金原さんは、『蛇にピアス』（集英社）で芥川賞を受けた作家の金原ひとみさん（35歳）のお父さんでもある。

「娘さんやお孫さんに何か本を薦めたことは……？」と尋ねると「ないです、ないです」と、首を横に振った。

「娘は小学五、六年の時、学校に行かなくなって、うちで周りにあった本を読み始めた。僕の本が多いんですけどね。『こんな本ある？』と聞かれたら教えましたけど、薦めたことは、ほとんどない。『そんな本が好きで面白かったなら、こんな本はどうかな』って言ったことはありますけどね」

娘のひとみさんが小学六年の時、金原さんは仕事で米国・サンフランシスコに滞在。その時も、ひとみさんはよく本を読んでいたという。

「子ども向けの本をある程度持っていっていたので。講談社から出ていた、瀬戸内寂聴《じゃくちょう》さんの『源氏物語』とか橋本治さんの『古事記』とか、作家さんが子ども向けに古典を書き直した本があって。日本語の本はジャパンセンター近くの図書館にもあったし、紀伊國屋書店もあって買えたので、娘はいろんな本を読み始めた。村上龍さんとか山田詠美さんとかの小説をよく読んでいました。一方でコバルト文庫も、ヤングアダルト小説の翻訳も読んでいたかな」

金原さんが、児童文学作家のひこ・田中さんとともに監修した読書ガイドの最新刊は、『13歳からの絵本ガイド　YAのための100冊』（西村書店）。

「いま、子どものものとして出ていない絵本も増えて、絵本の世界が広がっているんです」

絵本は、雑誌「日経おとなのOFF《オフ》」八月号の「おとなの心を潤す！　絵本&児童書」と題した特集でも、原田宗典《むねのり》・作、柚木沙弥郎《ゆのきさみろう》・絵『ぜつぼうの濁点』（教育画劇）など大人が楽しめる作品を紹介した。

雑誌「クロワッサン」九七九号では、安部公房《こうぼう》『砂の女』（新潮社）や川端康成『眠れる美女』（新潮社）など、子どもたちに本当は読ませたい、男と女にまつわる小説などを挙げている。

「中高生のころに読んだら、一生忘れないものばかりを取り上げました」

13

時間と教職員の「壁」を越えて

◇教員からの反対

朝の読書の時間に「私の高校では、鳥のさえずりだけでなく、池の鯉《こい》がはねる音も聞こえてきました」。その後の連絡をスムーズに始められ、生徒が授業を聞く姿勢を整えるというのは「本当にそうでした」……。

新聞連載を読んだ神奈川県の県立高校の元教員Aさんから、そんな手紙が寄せられた。Aさんは、勤務した高校で一八年間にわたって朝の読書を推進してきた。しかし、その過程ではさまざまな困難もあったという。

朝の読書のさらなる広がりのために必要なものは何か。連載を振り返るとともに、Aさんに話を聞いて考えた。

Aさんは、朝の読書が始まった経緯などを紹介した本『朝の読書が奇跡を生んだ』を一九九三年に読み、勤務していた高校で全校実施を提案した。しかし、教職員から「読書は強制するものではない」と強い反対があった。また成績が比較

13 時間と教職員の「壁」を越えて

的下位の子が来る学校で荒れていたため、「本校の生徒が毎日静かに本を読むわけがない」「負担が増える」などの反対意見も出たという。

翌九四年、「何もやらないよりはいい」といった声に押されて実施にこぎつけたものの、生徒は本を持ってこない、私語がひどい、寝ている……などさんたんたる状況に。

模索の中、Aさんの勤務校は「総合的な学習の時間」の研究開発学校に指定された。そして「総合学習」の中に朝の読書を組み込み、通常各学年一時間の「総合学習」を二時間（二単位）にして、その一部に、毎朝一〇分で一週間だと五〇分になる朝の読書の時間を位置付けた。

授業の中で取り組むこのやり方で、状況は一変した。生徒は本を用意し、私語や居眠りも消え、遅刻も激減。学校は静まり返って生

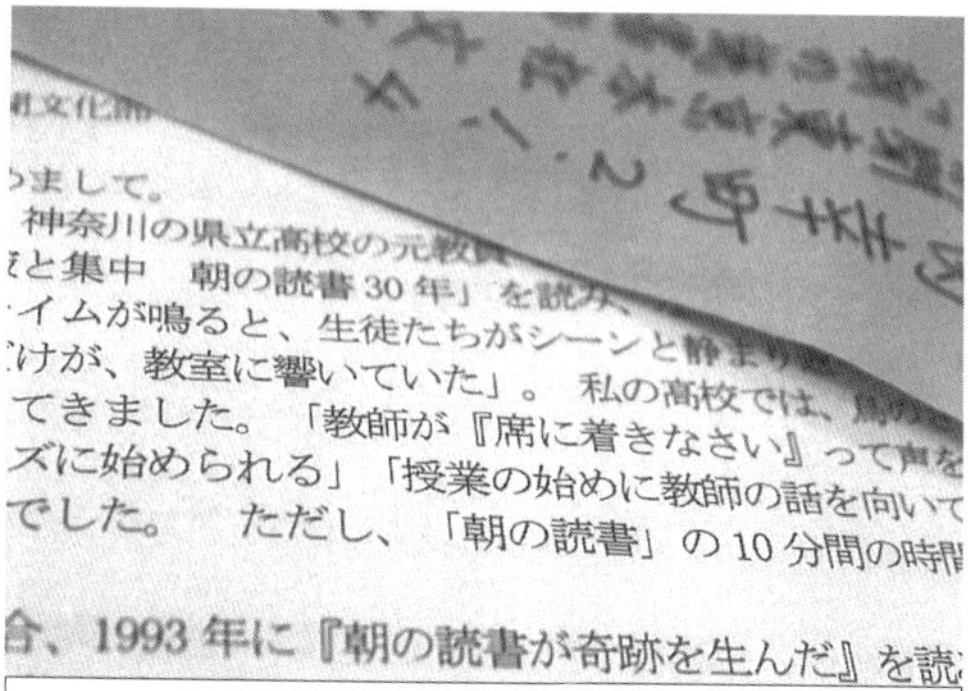
りまして。
神奈川の県立高校の元教員
と集中　朝の読書30年」を読み、
イムが鳴ると、生徒たちがシーンと静まり
けが、教室に響いていた」。私の高校では、
てきました。「教師が『席に着きなさい』って声を
ズに始められる」「授業の始めに教師の話を向いて
でした。　ただし、「朝の読書」の10分間の時間
合、1993年に『朝の読書が奇跡を生んだ』を読

高校の元教員という読者から届いた手紙

徒が本の世界に入り、「禅に近い状態」が生まれた。

その後、異動した学校でもAさんは同様の手法で朝の読書に取り組み、定年退職まで続けた。

一八年間の取り組みを振り返り、Aさんは「朝の読書導入には時間の壁と教職員の壁がある。教育現場では、わずか一〇分間の時間設定が困難だし、教員には『読書は好きな時と場所、スタイルで自由に読むものだ』という考えが強い」と話す。

◇読む力＝技能を身に付けさせる

朝の読書の導入で壁となる、教職員の反対の声や時間のやりくりの難しさを乗り越えさせるものは何か。取材で訪れた別の学校でも、初めは「読書は強制するものではない」という反対意見があった。しかし校長ら管理職や、教育委員会関係者に理解があり、読書教育を支える学校司書がいて、朝の読書は実現していた。私の元に手紙を寄せた神奈川県の県立高校教員だったAさんは、そうした朝の読書が実現する条件にうなずいた上で、さらに「『読書が技能』だという意識の広がりが大切では」と話す。

朝の読書提唱者の林公《ひろし》さんが読み、取り組みに示唆を与えたジム・トレリース『読み聞かせ　この素晴らしい世界』には、こう書かれている。「『黙読の時間』の原理は、きわめて単純である。読むことは、技能である。そしてすべての技能と同じく、読む力（技能）は使えば使うだけ上達する。使わなければ、その分下手になる」

また明治大学教授の斎藤孝さんも、著書『読書力』（岩波新書）に「読書は放っておいても自然にするものだ、などということは大きな勘違いだ」「本を読むことはスポーツと同じところがあって、自然にするものではない。ましてや上達するためには、練習が必要だ」と書いている。

読書が自由だというのは、その通りだ。しかし朝の読書は必ずしも一般の読書と同じではなく、そうした「技能」を、本を読めない子に身に付けさせる側面がある。

Aさんの同僚に、朝の読書をしてみんなが本を読んでいることで、教室で「本なんか読んで、かっこつけてんじゃねえよ」と言われ

「読書は技能である」ことに言及した2冊の書籍

にくくなり、本の世界に逃げ込むこともできて、「いじめに遭いにくい状況が生まれる」と語った教師がいたという。

また、Aさんは「生徒が読んでいて自分も読み、刺激を受けた本もある。ヨースタイン・ゴルデル『ソフィーの世界』(NHK出版)や三浦綾子『銃口』(小学館)などがそうでした」と懐かしそうに語った。

Aさんは、ブログ「朝の読書閑話」(https://blogs.yahoo.co.jp/asadokunetk7g1)で、朝の読書の実践経験やそこから得た思いなどを発信している(二〇一九年一月一七日で休止)。

❖——あとがき

私ごとで恐縮ながら、二〇一八年春、長女が就職した。入社してすぐ大阪に赴任することになり、引っ越しの荷造りを手伝っていると、娘は「本がないと死んじゃう」と言って、段ボール箱いっぱいに小説やビジネス書などの本を詰め込んだ。

彼女は大学三年生を終えた後に休学し、フィリピン・セブ島の語学学校に通うため現地に数か月間滞在したが、その時も「本を読めないことだけが嫌だった」と言う。

その娘が川崎市多摩区の小学校に通っていた時、毎日ではないが、「朝の読書」の時間があった。一年生のある朝、その時間のために、『かわいそうなぞう』（金の星社）の絵本をランドセルに入れていったが、持って帰ってこなかった。聞けば「先生が『ちょっと貸してね』って言った」という。その次の朝の読書の時間に、先生はその絵本をクラスのみんなに読み聞かせてくれたそうだ。

また三年か四年生の時には、やはり朝の読書のために持っていった『ガラスのうさぎ』（高木敏子著　金の星社）が返ってこなくなった。「友だちに貸した」という。そのまま数週間が過ぎたころ、その友だちが、わが家まで本を返しにきた。両親が離婚することになり、翌日には母方の実家がある愛知県へ引っ越してしまうといい、うちでため息をついていたという。

仕事から帰ってその話を聞き、「お餞別《せんべつ》に、本あげればよかったのに」と言った私に、娘は「ママ、もっと早く言ってくれたらよかった」と言って泣いた。巣立ってゆく娘と、そんな思い出を振り返り「あの子、どうしてるかな」と話した。

朝の読書の時間があったからこそ、娘が先生や級友と共有できた読書体験があり、忘れがたい思い出がある。そうした体験と、娘の本好きは無縁でないとも感じられ、娘の成長過程に学校で朝の読書があったことを、良かったと思う。

思い出を共有できただけではない。冒頭にも書いたように、「朝の読書」で娘が出会った本は、人生を決して器用に歩めてこなかった私たち母子の癒《い》やしになってくれた。娘が当時、読んでいた本で印象に残っているのは、『かわいそうなぞう』や『ガラスのうさぎ』のほかに『〝It〟と呼ばれた子』（デイヴ・ペルザー著　青山出版社）『ハートボイス―いつか翔べる日』（青木和雄著　金の星社）『ハッピーバースデー　命かがやく瞬間《とき》』（青木和雄著　金の星社）など。虐待やいじめなどを題材にした、シリアスで必ずしも明るくない本だ。

教科書に載っていた「カレーライス」に引かれたのをきっかけに、娘は重松清さんの『十字架』（講談社）『青い鳥』（新潮社）などの作品にもはまり、当時出ていた全作を読破する勢いで読んでいた。

大人になった今、そうしたシリアスな本をよく読んでいた理由を聞くと、娘は「うちは母子家庭で、虐待はなかったけれども人に預けられることもあったし、学校では友だちがいじめに遭っていて、子どものころ、それなりに悩んでいたんだよね。そうした本は、『悲しみ』という言葉だけでは言い表せない負の感情や人間関係のもつれなんかをうまく表現していて、『ああ、こういうことだったんだ』『自分もそうだ』って、読んで納得できたし、共感できたんだよね」と話した。

今回の取材の中で、朝の読書の広がりに多大なる貢献をした大塚笑子さんが、「学校には家庭のいろんな問題を引きずりながら泣く泣く来ている子もいる。生徒はストレスを抱えながら生きている」「本を読むことが切ない気持ちや追い詰められた気持ちを癒やし、励ましてくれる」と語ったが、娘も、紛れもない、そうしたひとりであったのだ。

同じように本から励ましや共感を得ている子は、今もあちこちにいるだろう。親である私自身も、娘から薦められた重松清さんの作品はもとより、これまで読んできたさまざまな本から癒やされ、学んできたことの大きさは、計り知れない。

川島隆太さんの「毎日十分以上読書する子は、家でほとんど、あるいは全く勉強しなくても、学校の授業を受けてちゃんと寝てさえいれば平均点を軽く超える」という指摘も、実感としても納得できた。川島さんは、『読書がたくましい脳をつくる』（くもん出版）の中で、自身も中学生の時、家でまったくといっていいほど勉強をしなくて、読書が好きで、睡眠時間をしっかり取っていたと明かしているが、私も、読書が大好きで、家で勉強をほとんどしなくても、成績がクラスや学年の上位という子を何人か知っている。

今回の取材では、学校と朝の読書にかかわるさまざまな方が、多忙な中、取材に丁寧に応じてくださいました。取材にご協力くださった方々、読んでくださった方々、ありがとうございました。

また、朝の読書継続に尽力してきた朝の読書推進協議会、とりわけ大塚笑子さんと加藤真由美さんに敬意を表すとともに、教育現場の地道な取り組みを紹介した連載に目を留め、書籍化の機会をくださると同時に、編集上の的確な助言をくださった高文研の山本邦彦さんに感謝します。

二〇一八年一月二〇日

岩岡千景

【資料編】

■学校の先生や司書さんが薦める、生徒に人気の本

■朝の読書大賞　受賞校一覧

学校の先生や司書さんが薦める、生徒に人気の本

【小学生編】

1　なかがわちひろ著『**プリンちゃん**』**シリーズ**（理論社）

一年生は、まず絵本から本に親しんでいく。みんな「ドラえもん」「トトロ」などのなじみあるキャラクターや美味しそうな食べ物が載った絵本、くっきりした色調の絵本が好き。このシリーズも、くっきりと美味しそうに描かれている。

2　井上荒野著『**ひみつのカレーライス**』（福音館書店）

一年生の授業で朝顔の育て方を学び、種の話にからめて紹介したら、その後もずっと借りられている。『みどりいろのたね』（アリス館）も。この二作は、一年生が絵本から物語へと入っていくのにお薦め。

3　杉山亮著『**ミルキー杉山のあなたも名探偵**』**シリーズ**（偕成社）

二、三年になると『かいけつゾロリ』や『ちいさなおばけ』（ともにポプラ社）

シリーズが人気だが、それらと並んでよく借りられているのが、探偵が活躍するこのシリーズ。すごい人気があり、好きな子はずっと読んでいます。

4
あんびるやすこ著『**ルルとララ**』**シリーズ**（岩崎書店）
かわいい小学生のルルとララが店長さんのおかしやさんの話。カップケーキなどのお菓子の作り方も紹介されている。三年生を中心に、よく読まれている。

5
廣嶋玲子著『**はんぴらり！**』**シリーズ**（童心社）
半人前の神さま鈴音丸が、妖怪や鬼との闘いを繰り広げながら修行し成長していく物語。四年生には、男女ともにダントツ人気。

6
廣嶋玲子著『**ふしぎ駄菓子屋　銭天堂**』**シリーズ**（偕成社）
幸運な人だけがたどりつける駄菓子屋さん。その店の駄菓子を買った人々は、運命を翻弄される。『はんぴらり！』（童心社）と同じ作者で、五年生に男女ともに人気。二〇一八年「子どもの本総選挙」でも九位とベストテン入りしている。

7
ローレン・ターシス著『**ぼくはこうして生き残った！**』**シリーズ**（KADO

KAWA／メディアファクトリー）
タイタニック号沈没事件や東日本大震災、太平洋戦争など実際にあった有名な事件の恐ろしい状況から主人公の少年が生きのびるまでを物語で描く。災害が多く「生き残り」への関心が高いのか、防災教育の本もよく借りられている。

8　いしかわえみ、桑野和明『**絶叫学級**』**シリーズ**（集英社）
子どもたちは恐いお話も好き。娘が好きで、入れてと言われて学校図書館に入れてみたら、みんなもよく読んでいる。特に四年生や五年生に読まれている。

9　曲亭馬琴著　**10歳までに読みたい日本名作シリーズ**『里見八犬伝』（学研プラス）
『不思議の国のアリス』など世界の名作を今の子にも読まれるようにわかりやすく、表紙画もアニメ風にした「10歳までに読みたい世界名作シリーズ」を入れていて人気。五年生で八犬伝を勉強するため日本版はこれだけを入れたが、こちらもよく借りられていて、今後は日本の名作の他の作品も入れたいと思っている。

10 麻希一樹著『**悩み部**』**シリーズ**（学研プラス）

高学年によく読まれている『5分後に意外な結末』（学研プラス）シリーズを読んでしまった子が、続編であるこのシリーズを読む。『5分後に』は「子どもの本総選挙」ベスト100などにもよく入っていて、これらは全国的に人気なのだと思う。

※紹介者＝千葉県袖ヶ浦市立奈良輪小学校司書教諭の大川原由里子先生、読書指導員の西嶋雅子さん

【中学生編】

1 向井湘吾著『**お任せ！　数学屋さん**』（ポプラ社）

数学で日常の悩みを解決していく、数学をもっと身近に感じる本。

2 池田晶子著『**14歳からの哲学**』（トランスビュー）

人生をよりよく生きていくための哲学入門書。

3 須賀しのぶ著『**雲は湧き、光あふれて**』（集英社）

もがき苦しみながら、甲子園をめざし成長する少年たちが描かれた感動小説。

4 中田永一著『**くちびるに歌を**』（小学館）

合唱で心を一つに……部活動にささげる青春ストーリー。

5 百田尚樹著『**永遠の0（ゼロ）**』（講談社）

臆病者といわれても、命を守ろうとした祖父の思い……戦争を知らない世代に読み継いでほしい本。

6 ビクトル・ユーゴー著『**レ・ミゼラブル～あぁ無情**』（各社）

罪人の烙印をおされても懸命に生きる男の一生、人のために尽くすことや尊さを教えてくれる。

7 芥川龍之介著『**羅生門**』（各社）

人間の身勝手さ・弱さを描いた作品、これからの時代に生きる中学生に読んでほしい。

8 アレックス・ロビラ／フェルナンド・トリアス・デ・ベス著『Ｇｏｏｄ Ｌｕｃｋ』（ポプラ社）

前向きに行動することの大切さを学ぶ本。

9　はやみねかおる著『**都会のトム&ソーヤ**』シリーズ（講談社）
躍動感あふれる中学生二人の推理と冒険記に、想像力をかきたてながら読んでほしい。

10　佐藤敏郎監修『**16歳の語り部**』（ポプラ社）
東日本大震災を忘れないために、封印された震災の記憶を高校生が語る。
※紹介者＝秋田県横手市立横手南中学校司書の小野昌子さん

【高校生編】

1　伊藤計劃著『**ハーモニー**』『**虐殺器官**』（いずれも早川書房）
近未来ＳＦ。両方を読む生徒が多いが、『ハーモニー』の方が女子生徒に受け入れられる。

2　七月隆文著『**ケーキ王子の名推理（スペシャリテ）**』（新潮社）
ケーキ大好き女子高生とイケメン王子が登場。そして、ちょっと謎解き。女子ウケ抜群。少女漫画を読むようにサクサク読めると好評。

3　辻村深月著『**かがみの孤城**』（ポプラ社）

多読の生徒たちが本を返却するとき、口々に「この本よかった」と言い残していった。

4　ゆうきゆう監修『**「なるほど!」とわかるマンガはじめての心理学**』(西東社)

高校生は心理学に大いに関心あり。見開きページにマンガ・図解・解説があり簡潔で読みやすい。小説以外のジャンルで毎年貸し出しが多い。

5　ウェブスター著　土屋京子訳『**あしながおじさん**』(光文社)

人気本とはいえないが、朝の読書に薦めたい。毎朝少しずつ読み進めていくのにふさわしい。数々の翻訳があるが、土屋京子さんの翻訳が気どっていなくて親しみやすい。一〇〇年以上前の話なのに、ジュディが身近な友達のように感じられる。現代とは違い「既読」になったかどうかもわからない一方通行の手紙。勉強もおしゃれも同じように楽しむ学生生活。努力して成長していく女の子の姿を中高生にぜひ!

※以上、紹介者=愛知県立豊明高校学校司書の杉浦まなみさん

6　辻村深月著『**かがみの孤城**』(ポプラ社)

十代の誰もが読んでほしい。こんなにも心に寄り添い、力を与えてくれる本

があったのかと感じる、感涙間違いなしの最高傑作。

7
原田マハ著『**本日は、お日柄もよく**』（徳間書店）
スピーチライターになったOLの話。人前で話す方法と「言葉」について、いろいろと考えさせます。

8
吉岡乾著『**なくなりそうな世界のことば**』（創元社）
世界の少数言語から、文化を感じる魅力的な単語を紹介した本。ながめているだけでも楽しい。

9
三上延著『**ビブリア古書堂の事件手帖**』（KADOKAWA）
生徒たちには、映画やドラマの原作が人気。ドラマにも映画にもなり、ほかの文学作品への興味も誘う小説。

10
有川浩著『**ストーリー・セラー**』（幻冬舎）
有名な『図書館戦争』（KADOKAWA）とは異なり、私小説っぽく有川さんの新しい魅力があふれる作品。あなたは泣けずに読めますか？

※以上、紹介者＝千葉県立八千代西高校学校司書の齋藤洋子さん

＊高橋松之助記念
朝の読書大賞　受賞校一覧

第1回　二〇〇七（平成19）年

＊**葛飾区立上平井小学校**（**東京都葛飾区**）

いじめ、不登校、器物破損など荒れた学校の再建を目指し、一九九六（平成8）年度より「朝の読書」に取り組み、図書室や学級文庫の整備など、読書指導を通して成果をあげた。

＊**おいらせ町立木ノ下中学校**（**青森県上北郡**）

一九九五（平成7）年度より「朝の読書」を導入。途中から教師が教室を離れたことにより、静寂が崩れ「荒れた学校」にまでなった学校を、全職員の意識改革で再建した。

＊**熊本県立第二高等学校**（**熊本県熊本市**）

一九九八（平成10）年度より「朝の読書」を開始。図書貸出の推進に取り組み、約9割の生徒が月1冊以上の貸出を達成。現在図書館は6万冊を蔵書、保護者への貸出も行っている。

第2回　二〇〇八（平成20）年

＊**川井村立川井小学校**（**岩手県下閉伊郡**）

川井小学校は児童数32名、学級数3の過疎地にある小規模校。「朝の読書」で培った読書活動は、児童みずからが幼稚園や介護施設に赴く「読み聞かせ出前」、家族間で行う「ファミリー読書」など、学校の枠を越えて地域との交流に発展していることが評価された。

＊**石垣市立石垣中学校**（**沖縄県石垣市**）

全国の実施校がまだ100校にも満たない一九九四年から「朝の読書」を始めた先駆的な学校。3～5年前には生徒指導困難校に陥ったが、「朝の読書」の取り組みを見直し、改めて「朝の読書四原則」にそった実践による建て直しを図ったことが評価された。

＊**高知県立安芸中・高等学校**（**高知県安芸市**）

安芸中・高校では一九九八年度（当時は高校）から「朝の読書」を開始。二〇〇二年に中高一貫校になって以降、その特徴を活かし、中学校段階から読書習慣を根付かせ、高校段階の充実へとつなげていることが評価された。

第3回　二〇〇九（平成21）年

✳稚内市立稚内東小学校（北海道稚内市）

稚内東小学校は17学級、児童数464人の稚内市内における大規模校。二〇〇六（平成18）年から司書教諭に加え学校図書館協力員の配置による図書館の活性化を図り、市立図書館との緊密な連携、ボランティアによる読み聞かせなど、活発な読書活動を展開していることが評価された。

✳千葉市立緑町中学校（千葉県千葉市）

緑町中学校は、現在の「朝の読書」運動が本格化する以前の一九八二（昭和57）年より、生徒指導の一環として20分間の朝の一斉読書を開始した。そのいち早い取り組みと、現在までのたゆまぬ読書活動が評価された。

✳岐阜県立恵那農業高等学校（岐阜県恵那市）

恵那農業高校は二〇〇五（平成17）年に朝の読書を開始。全教職員、生徒が毎日読書活動を行い、専門高校における朝の読書の実践成功例となった活動が評価された。

✳山陽女子中学校・高等学校（岡山県岡山市）

創立123年の伝統校。蔵書65000冊の図書館を備え、中学校と高校が一体となって「朝の読書」運動を行い、私立学校における読書活動の好例として評価された。

第4回　二〇一〇（平成22）年

✳袋井市立袋井北小学校（静岡県袋井市）

袋井北小学校は生徒数851名、学級数28の袋井市内でも有数の大規模校。朝の読書を週1回から段階的に拡大し週5回を定着させたこと、学校・家庭・地域・市立図書館が連携し朝の読書に取り組んでいることが評価された。

朝の読書は一九九三（平成5）年度より開始。当初は週1回実施、回数を段階的に増やし、二〇〇八（平成20）年度から週5回（15分間）に拡大した。「あいさつと読書の袋井北小」をスローガンに、朝の読書を徳育活動として位置づけているのも同校の特色。

学校と市立図書館が連携して良書を選定、各学級に60冊ほどを常備。児童各人には読書目標を持たせ、自分の選んだ本を1冊用意するよう呼びかけ、児童が主体的に読書する習慣が身についてきている。全保護者を対象に図書館だよりを発行し、家族読書を広めるなど、学校・家庭・地域・市立図書館が連携して読書に取り組んでいる。また、朝の読書の時間に音読・暗唱を取り入れて、児童の成長とともに言葉の意味を意識させる取り組みも行っている。これは家庭で練習することにより、家族との会話の機会にも役立っている。

大桑村立大桑中学校（長野県木曽郡）

木曽郡大桑村で唯一の中学校である大桑中学校は生徒数113名。二〇〇一（平成13）年度に朝の読書を開始。翌〇二（平成14）年度から、学校行事やテストの日でも毎日欠かさず朝の読書を10分間行い、読書から1日が始まる習慣を定着させた活動が評価された。

生徒は朝の読書をしてから1日が始まるのが日常となっている。今年度からは朝の部活動終了時間を5分早めて着替えや準備の時間を確保し、落ち着いて読書を行う環境を整えるなど、小規模校ならではのきめ細かい対応が行われている。

小中一貫教育の面から小学校にも朝の読書が取り入れられているため、子どもたちは必然的に9年間朝の読書を継続しており、読書好きな生徒が増加した。図書部員による読み聞かせも年6回ほど行われ、読み聞かせにも積極的な生徒が多い。

地域＝村が一体となって活動を続ける小・中学校の9年間の読書の時間は、大桑の子どもたちが本への親しみを涵養する大切な期間となっている。

広島市立広島工業高等学校（広島県広島市）

社会の変化に対応しつつ、工業（ものづくり）に関する基礎・基本を身に付け、応用力のある実践的な技術者を育成することを目指す学校改革の一環として、二〇〇二（平成14）年から朝の読書を実施し、高い成果を上げたことが評価された。今年度で11回目を迎える「朝の読書広島県交流会」（※）では、朝の読書の高校における活動の成功例としてモデル校に採り上げられていて、本賞はこの点も評価した。

「本を通して精神的成長を促す」「集中力をつけ言語能力を身につける」「個々の生徒の力に合わせた成長を促す」「学校全体で共通の活動をおこない、

一体感・連帯感を培う」という具体的な目標を掲げて朝の読書に取り組んだ。

この結果、遅刻者が減少した、生徒が落ち着いてきた、生徒の読書習慣が定着したことなど、大きな成果が見られる。導入して8年余、校内の全教職員が緊張感を失わないように、朝の読書についての意識の統一を図っていることも大きい。

（※）広島県内で朝の読書活動を行っている教員等の交流会。実践報告や参加者相互の情報交換等が行われている。二〇一〇（平成22）年度は8月に広島市で開催された。

第5回　二〇一一（平成23）年

❋富田林市立寺池台小学校（大阪府富田林市）

大阪府南部、富田林市の大規模団地・金剛団地の一部を学区とする寺池台小学校には494名の児童が通学する。導入時から全校を挙げた取り組みを継続している点と、担当者の10年にわたる積極的な朝の読書の定着への活動が評価された。

寺池台小学校の朝の読書は、二〇〇二年4月の教育課程変更に向けた準備委員会の中で、林公氏の著書『心を育てる朝の読書』に共感した教員が導入を提案。教員全員の賛同を得て同年度より開始。全校集会のある月曜日を除く週4回の実施を継続している。

図書館教育担当教諭は導入の翌年二〇〇三年に早期退職、同時に非常勤講師として同校に継続勤務。図書館活動専任として、朝からの開室など利用時間の大幅拡大、学校図書館の活性化と朝の読書活動の定着化を中心となって推進してきた。子どもたちは、朝の読書についての感想文や日々担任の先生に提出する日記の中で、読書の楽しさを語っている。学校の中だけではなく、家庭でも子どもの読書のことが話題となることが多い。

❋平戸市立平戸小学校（長崎県平戸市）

長崎県の平戸島とその周辺を市域とする平戸市の中心部に位置する平戸小学校には児童数461名が通学する。二〇〇二年から朝の読書を毎日実施。朝の読書は子どもたちの読書意欲の萌芽のために重要という認識で取り組み、読書環境を整備し、学校図書館の活用を大幅に高めた活動が評価された。

当初は週一日（金曜日）の実施であったが、子どもたちが読書に集中できないことから日課を見直し、二〇〇二年より月～金曜の朝に読書の時間帯を設定した。

また、読書の時間の前に設定されていたドリル等の学習の時間も5年前には中止し、集会を昼に移すなど、朝の時間帯の読書環境を整えていった。

平戸小学校では地理的要因から、学校図書館が子どもたちと本を結びつける大きな役割を担っている。子どもたちも図書館の本に対する関心は非常に高く、新着図書や返却後棚に戻す前の本に群がるなど、学校図書館を通じて、読書の楽しみを実感している。

＊青森市立浪打中学校（青森県青森市）

浪打中学校は青森市中心部にある全校生徒309人の中規模校。朝の読書は毎日実施。校長、教頭、司書教諭をはじめ、教員全員が生徒たちの読書意欲を高めようと取り組んでいること、年間100号を超える「図書だより」の発行をはじめとした学校図書館の活性化、市民図書館との連携による書棚設置など、積極的な読書推進活動が評価された。

浪打中学校の朝の読書は二〇〇一年開始。正規には8時から10分間だが、実際には7時50分にはほとんどの生徒が読書を開始しており、生徒の読書習慣の定着が見られる。学校図書館では年間100号を超える「図書館だより」を発行、生徒へ図書に関する情報と読書のきっかけを与えている。図書館の利用者は年々増加していて、休み時間に本を開く生徒が多い。二〇〇九年からは各学年の廊下に「青森市民図書館浪打中出張所」を設置、多数の生徒が利用している。読書からの発展として、作文の得意な生徒が増え、全校生徒のほとんどが50分の授業時間内に原稿用紙2枚を書き上げるようになっている。また、全校生徒が「読書新聞」を作り、青森市のコンクールで受賞するなど、多くの成果をあげている。

＊徳島県立板野高等学校（徳島県板野郡板野町）

板野高校は徳島県北東部の板野町に一九〇六（明治39）年、板野郡立蚕業学校として設立され、現在は単位制普通科高校として492名の生徒が学ぶ。一九九九年に通年、始業前10分間、全校一斉で取り組む「朝の読書」を開始した。板野高校の取り組みは徳島県内学校の「朝の読書」活動の端緒となり、県内の高校等における朝の読書活動のモデル的役割を果たしてきたことが評価された。

朝の読書は当初より「朝の読書四原則」に基づいた実践を展開、歴代の校長のリーダーシップと各教員の熱意で受け継がれてきた。生徒へのアンケートで「本が好きになった」「心が落ち着く」など「朝の読書」の趣旨の浸透をうかがわせる回答も多い。教員評価も「落ち着いた雰囲気で授業に取り組めることができる」として定着している。二〇〇〇年から県内で開かれている「朝の読書徳島交流会（※）」に参加。小・中学校、高校と取り組みについて意見を交換、連携を図り、「朝の読書」の普及、並びに自校の取り組みのさらなる充実に努めている。

（※）徳島県内で朝の読書活動を行っている教員等の交流会。実践報告や参加者相互の情報交換等が行われている。

第6回　二〇一二（平成24）年

＊**久山町立久原小学校**（**福岡県糟屋郡久山町**）
福岡市の西に接する糟屋郡久山町の中心に位置する久原小学校は、310名の児童が学ぶ。「朝の読書でつながる心」を目標に全校で実施される朝の読書を契機に、読書の習慣化・集中力を養い、一日のスタートを落ち着いた雰囲気のもとに始めるという朝の読書の原則を守るとともに、読書活動推進の年間計画を立て、読書活動の充実を図っていることが評価された。

朝の読書は一九九八（平成10）年4月から実施しており、朝の読書の定着、読書指導の充実に伴い、子ども達の読書量が、年々増加傾向を示している。

また、図書館を「読書センター」及び「学習情報センター」として幅広く活用して、日常の読書の質を高めようとしており、図書委員会の活発な活動、図書館活用年間計画にもとづいた読書指導、公共図書館との連携による学級文庫の充実、読書記録を取って読書習慣の定着を図る、毎週金曜日には朝の読書時間に自分が読んだ本を紹介するスピーチを行う、読書ボランティアとの連携など様々な取り組みを行っている。こうした取り組みは、県の学校図書館コンクールで入賞するなど、多くの成果を上げている。

＊**伊丹市立東中学校**（**兵庫県伊丹市**）
兵庫県南東部、大阪府と境を接し大阪国際空港を

擁する伊丹市。空港にほど近い同校は生徒数668名の大規模校である。朝の読書は10年前から毎朝10分間、行事やテストの時も例外なく行われ、学校の中に根付いていること、および3年前に設立されたボランティア組織、東中学校支援地域本部事業「東中ファミリーサポーターズ」のひとつ、「ライブラリーサポート」と連携、学校図書館を活性化させ、部活や勉強にと本を読む機会の少なくなる中学生が本好きになる取り組みが評価の対象となった。

「ライブラリーサポート」は15名の保護者・地域の方が参加し、図書整理や各学期2回ずつの読み聞かせ、昼休みに本をワゴンに載せて月2回教室を巡回するワゴンサービスなどを行い、生徒の読書の機会を増やそうと努めている。また、近隣の市立図書館「ことば蔵」との積極的な交流を図っている。

✳ 文化学園大学杉並中学・高等学校（東京都杉並区）

文化学園大学（旧・文化女子大学）附属の杉並中・高校は、中学では379名、高校では792名の生徒が学び、附属の大学のみならず、多くの難関大学への進学者を輩出している。私立学校である同校では月曜日から土曜日の毎朝10分間、四原則に基づいた朝の読書が行われ、15年にわたり継続されてきた。さらに同校の教育目標である「自ら考える生徒の育成」の達成とともに、「自分の考えをアウトプットする力の育成」のためにも朝の読書は有効なものととらえ、活発な読書教育を行う姿勢が評価された。

杉並中・高校では、4月の朝の読書の開始日を重視しており、本年度は全国出版協会作成の資料「朝の読書導入の手引き」を入手、教員全員に配布し共通理解を図っている。また、生徒には校内放送で朝の読書の説明を行い、「図書館だより」やブックガイドを配布し、生徒が様々な本に出会えるよう工夫している。

第7回　二〇一三（平成25）年

✳ 見附市立田井小学校（新潟県見附市）

田井小学校は越後平野に広がる豊かな水田地帯の中にあり、5学級全児童数36名という小規模校である。同校は小規模校ゆえの課題でもある人間関係力の育成に大きく関わる言語能力（国語力）を付けるの中心的な方策の一つとして、朝の読書をはじめとした読書活動に力を入れて成果を上げてきたことが評価された。

朝の読書は一九九八（平成10）年から週４日、毎朝15分間行われ、今年度からは週1回ランチルームにおいて全校で朝の読書を行うなど、全校体制で取り組んでいる。教員や図書委員、上級生による「読み聞かせ活動」の充実、「家読」の積極的な推奨を行っており、読書がとても好きと答える児童が多い。読書により培われた集中力により、「読む力」「聞く力」「書く力」の相乗的な向上が図られ、国語に関する各種学力調査においても高い成果を上げている。地域住民や保護者などからなる「虹のかけはし隊」と連携・協力し、図書館の環境整備や読み聞かせ活動などの取り組みもその背景にある。

❋**笛吹市立浅川中学校**（**山梨県笛吹市**）

山梨県の中央、甲府盆地の南東に位置し、生徒数４２８人、15学級の中規模校である浅川中学校。朝の読書を一九八三（昭和58）年より開始、以降30年以上にもわたる長い年月を、その時々の課題を克服しながら回数や時間を変更、進化させながら、「朝の読書四原則」の形で現在も継続されていることが評価された。

朝の読書の伝統を守り、さらに発展していく為、年度当初の職員会議で図書主任より昨年の反省と提案がなされ、全職員の確認のもと実施されている。学校教育目標の重点項目に「読書活動の充実」、校内研究会の具体的な取り組み内容として「朝の読書の徹底・継続」が明記され、それにともない学力向上部会の中に各学年1名の教師と司書の計４名で「読書担当」が決められており、学校の組織としても読書活動を推進する形が出来ている。

また朝の読書の徹底とともに、20年以上継続している家族読書をはじめ、読み聞かせ・司書との連携による授業での学校図書館の活用・図書委員の活発な活動など具体的な読書推進活動も展開している。

長い伝統のなかで先生、生徒、そして地域に朝の読書をはじめとする読書活動が根付いている。

❋**石川県立小松商業高等学校**（**石川県小松市**）

石川県小松市希望ヶ丘にある小松商業高校は一九二一（大正10）年創立の伝統ある県立商業高校であり現在は４５９名の生徒が学んでいる。全商各種検定1級取得者数は全国トップクラスを誇り、部活動も数多くの優秀な成績を収めるなど文武両道を実践している。10年にわたる朝の読書の継続とともに活発な図書館活動が評価された。

二〇〇四（平成16）年より「読書の習慣化を図り、自ら学ぶ力・感動する力や想像力の育成」を目的として毎朝10分間の朝の読書を開始した。同時に図書館との連携を強化、より多くの生徒が利用できるよう図書館をアクセスの良いA棟1階に移動し、朝の読書開始前から開館した。図書委員や司書によるPOPやブックリストの作成、校内放送での本の紹介、先生方による推薦図書の紹介、節目の貸出者を表彰する制度の導入、図書館教養講座の開催や校内読書会の実施など生徒に「本の楽しみ」を伝える活動を司書を中心に企画、実行した。

結果、朝の読書が生徒に定着すると同時に図書館貸出も8倍以上に増え、以降年間貸出は5千冊以上と激増した。生徒はより読書に対する意欲が増し、図書館に生徒が溢れる状態となった。図書館は「学習・情報センター」として存在感を増し、生徒・先生・家庭で本を媒体としたコミュニケーションが取られ、学校生活に落ち着きが出てくるという結果も現れている。

第8回　二〇一四（平成26）年

❋茅野市立永明小学校（長野県茅野市）

25学級、児童数646名の永明小学校では、朝の読書を学校運営の重点と位置づけ、「教育の核は読書である」という自治体の強力な読書・図書館教育推進のもと、学校・地域・家庭が一体となった理想的な環境を整え、読書好きの児童が育まれていることが評価された。

永明小学校の学校図書館経営計画では、①生きる力の基礎となる読書力の育成　②図書館を活用した授業の実践　③図書館を活用した教育推進のための組織・体制づくり　④地域読書ボランティア・家庭・学校外図書館との連携の4点を経営の柱として取り組んでいる。

子どもたちの「読書の習慣化」と「朝の読書の質的向上」を目指した教員の研修も活発に行われ、子どもたちへの個に即した読書指導を行っている。

なお、永明小学校のある長野県茅野市では18年前から市内にある中学校で朝の読書を開始、二〇〇〇年より全小中学校で毎日の朝読を継続している。また二〇一二年度からは市内の小中学校の校長を学校図書館長として任命し、図書館教育を行っている。

❋ **柴田町立船岡中学校**（**宮城県柴田郡柴田町**）

船岡中学校は18学級、生徒数491名の大規模校。朝の読書の四原則（「みんなでやる」「毎日やる」「好きな本でよい」「ただ読むだけ」）に則り、落ち着いた雰囲気の中で学習に向かう姿勢を育てていることと、町からの学校司書派遣により学校図書館の貸出冊数が飛躍的に伸びるなど、地域の模範になっていることが評価された。

朝の読書は二〇〇四年に開始、毎朝8時15分から10分間行っている。二〇一三年より町から学校司書が派遣されるようになり、図書館運営を連携して行えるようになったことと、図書選定が充実して貸出冊数は飛躍的に伸びた。アンケートを実施して生徒たちが読みたい本を揃えたり、朝の読書に適している本の紹介コーナーを特設したり、町の図書館から借りたアウトリーチ本を移動学級文庫として活用するなど、読書環境の向上に努めている。この結果、生徒の生活態度や学校図書館の利用など、学習に向かう姿勢を育てる活動は地域の中学校の模範となっている。

❋ **福井県立金津高等学校**（**福井県あわら市**）

23学級、生徒数736名の大規模校である金津高校は二〇〇四年より毎朝10分間の朝の読書を実践している。10年にわたる活動で朝の読書が生徒に深く浸透していること、学級文庫の充実を図り、いつでも本が身近にある環境を整備していることが評価された。

金津高校の学級文庫は、図書費とは別に予算が計上され、図書部や国語科教員を中心に選書を行い、各科および進路や文理に関する本も揃え、読書に馴染みのない生徒の読書のとりかかりをサポートしている。

また、『朝の読書実践ガイドブック』（林公著　メディアパル）の配布などにより「朝の読書四原則」の教職員の共通理解の徹底を図り、新学期には担任の先生それぞれの言葉で、生徒に朝の読書の意義を伝えている。

福井県の朝の読書実施率は全国一であり（朝の読書推進協議会調べ・二〇一四〈平成26〉年9月現在）、

金津高校の地元・坂井地区でも小中学校で定着している朝の読書が、金津高校で継続、発展的に行われ、今では「数分でもあれば本を読むようになった」「今までの自分の生き方や考え方を見直すことが出来、広い視野で物事を見渡せるようになった」と生徒にはなくてはならないものとなっている。

第9回　二〇一五（平成27）年

❋ **米子市立福米東小学校（鳥取県米子市）**

22学級、児童577名の福米東小学校では、二〇〇三（平成15）年より「朝の読書」活動が始まった。その後、朝の読書の四原則（「みんなでやる」「毎日やる」「好きな本でよい」「ただ読むだけ」）を全職員で共通理解して取り組み始め、二〇一一（平成23）年度より毎朝の8時30分から10分間行っている。

その効果は顕著で、チャイムが鳴る前から集中して読書をするようになり、落ち着いて学習を開始できるようになっている。

さらに、本好きの児童を育成することを目標に朝の読書活動を中心にしながら、保護者、地域ボランティア、教職員が一体となり、工夫を凝らした読み聞かせを実施している。

上記の活動を通じて、読書の幅を広げる児童が多数現れたとともに、「東っ子いきいきキャンペーン」の名のもと、学校と家庭が連携して【子どもの学びを支える生活習慣づくり】に取り組み、「家読週間」を設定することなども合わせて評価された。

なお、福米東小学校の校区である福米中学校区では読書習慣のみならず、校区の学校が連携して「家庭を学びの場に」する指針として生活習慣を身につけさせるための様々な取り組みが行われている。

❋ **清教学園中・高等学校（大阪府河内長野市）**

清教学園中・高校は中学校583名、高等学校1252名の中高一貫の私立学校。「朝の読書」は一九九五（平成7）年より開始し、合同礼拝時を除く毎日の活動を20年以上継続している。

様々なジャンルから新入生を対象とした約2700冊を図書館内に設置し、読書生活を支援している「すくど文庫」や学級文庫「すくどの本」、数多くの本に出会う「おためし読書」など、朝の読書を活性化するために様々な取り組みが行われていることが評価された。

また学校図書館を活用した授業も積極的に行われており、中学校では、学校図書館が例年約300時間利用され、高校ではその発展形として「探究科」という授業も行われるなど中・高通じて調べ学習に注力している。

きめ細かい読書・図書館教育を実現するため、図書館長、専任司書教諭、専任司書、非常勤司書、非常勤総合学習担当の5名を配置し、生徒が様々なジャンルの良書に巡り合うべく学校も全面的にサポートしている。

❋ **香川県立高松東高等学校（香川県高松市）**

高松東高校は22クラス、生徒数840名の全日制普通高校。「地域に根ざす学校」として、心身ともに健全で情操豊かな人間の育成を目標としていて、読書は重要な教育活動であるととらえ、二〇〇三（平成15）年から毎朝10分間の「朝の読書」を実践してきた。

「朝の読書」に対する教員の理解をはかるため「朝の読書実践ガイド」を作成し、教員全体で協力しながら進めてきた結果、生徒の読書に対する意識が高まり、本を開く姿が日常的なものとなった。落ち着いて授業がスタートでき、遅刻者も減少した。

「朝の読書」の推進のため、教室に図書委員と教員が選定した「朝読文庫」を設置して、全員が一斉に読める環境を作っている。また、各クラスの図書委員が生徒と図書館とのパイプ役として活躍しており、生徒一人ひとりが自分の推薦する本をクラスメートに紹介する読書LHR（読書に関するホームルーム活動）を読書週間に行うなど、次の読書への意欲につなげている。

二〇一五（平成27）年末に完成予定の新校舎の図書館は、旧校舎と同様多くの生徒に利用してもらうため、学校の中心となる校舎の二階に設置、これまで以上に朝の読書を充実させていくという。

第10回　二〇一六（平成28）年

❋ **七尾市立天神山小学校（石川県七尾市）**

七尾市では、学校、地域、家庭が一体となって読書・図書館教育の推進に力を入れている。市の中心部に位置する天神山小学校は、14学級、334名の児童が学び、二〇〇六（平成18）年から「朝の読書」を基盤に読書活動を実施、本年度は「教科学習の中で読書活動を入れる」「家庭・地域と連携する」を重点目標に全職員が地域と連携しながら活動している。

「朝の読書」は10年が過ぎ、改善を重ねながら継続しているが、週始まりの月曜日は特に20分間を使っている。次の朝、読む本を各人が机の上に置いて下校、図書袋を常に児童机の横に下げておくなど、いつでも自ら本を手に取り読書できる環境作りを進めている。また図書カードを工夫して、児童の読書状況や傾向が分かるようにファイルし、読書量だけでなく自分の読書履歴を振り返る機会を設けてきている。

地域や家庭と一体となった読書活動を推進することにも重点を置いており、市立図書館と連携した本の貸出や、ブックトークの実施、家庭での読書を進めるための「家読（うちどく）ノート」の活用など、本好きの児童を育てるための読書環境を整備してきている点が評価された。

❋ **横手市立横手南中学校（秋田県横手市）**

18学級、462名の生徒が学ぶ横手南中学校では、二〇〇一（平成13）年から「朝の読書」を開始、毎日15分間の活動を継続して16年目となる。取り組みを始めた当時は落ち着いた学校生活が日常化しているとは言えない状況だったが、徐々に学校全体に、本と向き合い本を通じて自分との対話をする習慣が根づいていった。

生徒は「朝の読書」をはじめとする読書活動を通じて心に残った言葉を書き留め、3年時にはこれを「心に残る言葉」という文集にまとめている。その他、全校での読書集会や図書展、読み聞かせなど学校司書と図書委員会の活発な活動もあり、生徒が学校図書館や読書に親しむ環境が整えられている点が評価された。また新聞を七紙購読し、図書とともに調べ学習など授業への活用も積極的に行われている。

「朝の読書」の定着とともに生徒の様子にも変化が見られ、様々な好影響をもたらしている。秋田県は全国学力調査で近年一位を継続しているが、横手南中学校も現在ではその県平均を上回る学力を誇る学校に成長している。

学校側では読書で培った「語彙力」「読解力」「表現力」もその一因ととらえ、「学びに向かう力」を養う上で根幹となる活動として「朝の読書」の意義を重んじている。

＊富山県立富山いずみ高等学校（富山県富山市）

一九〇一（明治34）年創立の富山県高等女学校を前身とする富山いずみ高校は二〇〇二（平成14）年に男女共学となり、総合学科と看護科が設置された。学校の大きな変化のなかで二〇〇四（平成16）年から「朝の読書」を変則的な形で導入、その後、職員会議で何度も検討を重ね、二〇〇七（平成19）年から毎日10分間の活動を継続している。

「学校教育計画」や「アクションプラン」「年間読書指導計画」での教職員側の読書推進の意識や「朝の読書四原則」の徹底と、二〇〇九（平成21）年から行っている読書履歴調査で生徒の現状を把握し、きめ細やかな読書指導を行っていることが評価された。

また図書委員会として、読書会や講師を招いての教養講座、文学賞の世界をまとめた文化活動発表会での展示、読書川柳の実施など多彩な活動を行い、生徒に本の楽しさを伝えている。現在では統一ＨＲ「読書の時間」で学年に応じた「思考を重ねる読書」を目指し、実践している。

教職員の努力と図書委員会の活動などにより「朝の読書」が完全に定着した富山いずみ高校の取り組みは生徒たちに本との出会い、豊かな読書の時間をもたらしている。

第11回　二〇一七年（平成29）年

＊霧島市立青葉小学校（鹿児島県霧島市）

青葉小学校は一九九七（平成9）年度開校の比較的歴史の浅い学校であったため、近隣の学校の取り組みを参考にしながら、児童の実態に照らし、教職員とＰＴＡが協力して読書活動に取り組んでいる。

「朝の読書」は始業前に10分間、毎日行われているが、それとともに月曜日と木曜日には「読書タイム」を校時表に設定し、読書、読み聞かせ等を実施している。「朝の読書」により、読書習慣がついているので、給食前の待ち時間や健康診断等の行事の待ち時間に普通に読書モードに入り、静かに過ごす児童が多い。また学校図書館へ足を運ぶ児童も多くなっている。

「朝の読書」から様々な読書に関連した活動も広がってきている。「読書タイム」「親子おはなし会」「Ｐ

ＴＡ一人一役朝の読み聞かせ」の他、二〇一四（平成26）年には「ビブリオバトル」、二〇一五（平成27）年には「トレジャーブック（宝本の紹介）」「教職員による読み聞かせ」、二〇一七年（平成29年）には「うちどく」に力を入れ始めている。試行錯誤を繰り返しつつも、読書好きの児童を育てていくため、「朝の読書」を中心に前向きな読書推進活動が続けられている。

❋白山市立松任中学校（石川県白山市）

24学級、７８０名の生徒が学ぶ松任中学校では、一九九七（平成9）年より「朝の読書」を開始、平成22年より本格的に毎日15分間の活動を実施している。

校訓「生き方を学び合おう高め合おう　生徒も先生も保護者も」を基に、教職員と保護者・地域の方々と生徒が一体となって、「朝の読書」をはじめとした様々な読書推進を行い、読書を通して生き方を考えたり、考えの幅を広げたりするなど、読書に取り組む意識や質の向上につなげている点が評価された。

保護者から生徒へおすすめの本を紹介する「親から子へ　中学生のみんなに読んでほしいこの一冊」は冊子にして全家庭に配布を行うほか、図書館にコーナーを常設している。

全教職員による生徒への「本の読み語り」や、保護者、卒業生等も参加する「ビブリオバトル」の開催、「先輩から後輩へおすすめの一冊」、図書委員が下級生に行う「ブックトーク」など、共に促しあい、繋がりながら読書推進が行われている。

また図書館教育年間計画や毎月の職員会議、教員研修などで教職員側の「読書」「授業における図書の活用」について意識の徹底もなされ、質の向上とともに生徒が本に親しむ環境が育まれている。

❋千葉県立八千代西高等学校（千葉県八千代市）

八千代西高校における「朝の読書」の取り組みは、千葉県内の県立高校では一番早い二〇〇一（平成13）年4月から始まり、今年で17年目を迎える。

「朝の読書」活動の中心である「朝読委員会」は各学年の代表の先生と学校司書で構成し、「朝の読書実施要項」を改定しながら教職員の意識の徹底を図っている。毎年行っているアンケートを基に前年度の総括から生徒の現状に即した働きかけを検討、きめ細やかに実践するなど全教職員共通認識のもとで生徒の読書環境を整えている。

クラシック音楽が流れる「朝の読書」の10分間は、生徒のほか担任、副担任も教室で一緒に本を読み、現在では完全に学校に定着し、なくてはならない時間となっている。

「八千代西高の先生おすすめ本50冊」冊子発行や教員による本の紹介、生徒への表彰など様々な取り組みや、図書委員会も活発な活動を行っている。また老人ホームや特別支援学校などで「読書交流会」を行うなど、活動は地域にも広がりを見せている。

独自の「朝読委員会」を中心に、なによりも「朝の読書」の時間を大切にしながら、教職員や生徒が一丸となって継続的に読書推進を行っている点が評価された。

第12回　二〇一八（平成30）年

＊ひたちなか市立那珂湊第一小学校（茨城県ひたちなか市）

14学級、児童330名の那珂湊第一小学校では、読書習慣の定着を図るために二〇〇二（平成14）年より朝の読書を行っている。学校方針のひとつ「豊かな心の育成」をもとに、朝の読書の継続とともに、進んで本を手に取り、読書を楽しむ児童の育成を目指し、図書委員会を中心とした学校図書館の活性化に取り組んでいる点が評価された。

児童が「行ってみたくなる学校図書館」にするために、新入荷本の放送での紹介、季節毎のポスターの作成、貸出冊数の統計の掲示などを行っている。年1回の「読書月間」では、じゃんけんやくじ、クイズなどで貸出冊数の上限を増やすイベントや、しおりなど手製のプレゼント、読書はがきに紹介したい本と人を記入し、図書委員が郵便屋さんになって届ける「読書郵便」など、図書委員の自主性を重んじ、自由な発想を生かした様々な活動を行っている。

保護者も読み聞かせや図書館の飾りつけなど積極的に協力している。

児童がいろいろな分野の本に触れるべく、先生によるおすすめ本の紹介や、図書館の蔵書に気を配っている。またより多くの本に出会うために学年毎に読書冊数の目標を定め、達成者にはシールや賞状を贈っているが、あと少しの児童には「励ましカード」

を用意するなど工夫をしている。

その結果、読書が「大好き・好き」と回答した児童が80％と、多くの児童が読書に親しんでいる。茨城県が実施している「みんなに薦めたい一冊の本推進事業」における目標、年間50冊、3年間300冊を達成する児童も増加している。

❋玖珠町立玖珠中学校（大分県玖珠郡玖珠町）

8学級、生徒154名が学ぶ玖珠中学校では、二〇〇〇（平成12）年に朝の読書を一部スタート、二〇一〇（平成22）年から四原則に沿って、全学年で行っている。朝の読書と図書館活用教育を中心とした同校の読書活動は、教職員、生徒会、PTAそれぞれが連携し、強力に推進されている点が評価された。

「教職員」は年度始めに年間方針を定め、朝の読書の意義を意思統一し、朝の読書に適した希望図書の調査や図書環境の整備を行っている。「生徒会」は図書部の年間活動計画で朝の読書を提案、毎月の読書貯金通帳の集計・表彰などを行い、「PTA」はPTA新聞におすすめ図書紹介するなど、生徒の読書を積極的に支援している。

学校図書館活用授業も活発に行っている。年間カリキュラムを策定し、学校司書と全教職員の連携により、生徒の調べ学習を支えるスキルや問題解決能力向上をサポートしている。指導案や活用したブックリストの蓄積など継続した読書指導の徹底や、大分県立図書館や近隣の公共図書館の活用もあり、朝の読書の時間も調べ学習に関連した本を手に取る生徒も多く、読書の広がりが見られるようになったという。

朝の読書をはじめとする様々な読書活動に取り組んできた結果、生徒の集中力が増し、読書量の増加や読解力の向上など成果がみられている。

❋京都府立久美浜高等学校（京都府京丹後市）

9学級、252名の生徒が学ぶ久美浜高校では、二〇〇三（平成15）年から段階的に朝の読書を導入、二〇一〇（平成22）年より「アサトレ」と称して毎朝10分間の読書活動を実践している。学区が広く公共交通機関の不便さもあり、朝の時間の捻出が最大の問題であったが、「読書は全学習の基盤であり、全校生徒、教職員も親しむべきもの」として、連絡事項の伝達などは昼に行い、HRの枠として時間を捻出し、現在では全校をあげて読書をする時間として定着している。

　朝の読書の継続とともに、同校の読書推進活動の特徴として活発な学校図書館活動があげられる。図書館は至る所にフェアや飾りつけがなされ、本と関連したワークショップや、楽しみながら様々な種類の本に触れる「NDCビンゴ」、異なる本のタイトルを掛け合わせる「BOOKS川柳」、「全教職員と図書放送委員のおすすめ本」の冊子作成や展示など企画も満載で、書店顔負けの「楽しい図書館」を演出している。また、毎年大規模な企画展の展示を行い、一般にも公開している。活発な図書館の様子は学校HPに随時アップされ、地域に開かれた学校図書館活動を実践している。

　これらの取り組みによって、「図書館に行けば、何か面白いことがある」と生徒に認知され、生徒一人あたりの年間貸出冊数は京都府立高校の平均を2倍前後上回り、府立高校トップクラスとなるなど、読書に親しむ環境が整えられている点が評価された。


【注＝学校名、所在地、受賞理由は受章時のもの】

（資料提供＝**公益財団法人高橋松之助記念顕彰財団**）

岩岡 千景（いわおか・ちかげ）

東京新聞記者。1968年東京生まれ。1991年、中日新聞入社。2001年から東京新聞（中日新聞東京本社）勤務、特別報道部などをへて2010年8月から文化部。2014年、音楽家の坂本龍一氏と東京新聞記者がメディアのあり方などを討論した「坂本プロジェクト」の実行チーム代表を務め、その内容を『坂本龍一×東京新聞　脱原発とメディアを考える』（東京新聞出版局）に編集。著書に『セーラー服の歌人・鳥居　拾った新聞で字を覚えたホームレス少女の物語』（KADOKAWA／アスキー・メディアワークス）。

生きる力を育む「朝の読書」
【静寂と集中】

二〇一九年四月一日――第一刷発行

著　者／岩岡　千景

発行所／株式会社　高文研
東京都千代田区神田猿楽町二―一―八
三恵ビル（〒101=0064）
電話　03=3295=3415
振替　00160=6=18956
http://www.koubunken.co.jp

印刷・製本／三省堂印刷株式会社

★万一、乱丁・落丁があったときは、送料当方負担でお取替え致します。

ISBN978-4-87498-675-2　C0037